开学第一讲

KAIXUEDIYIJIANG

中国第一本校长开学演讲集

治校理念　治学观念　教育情怀　人格魅力　社会责任

主编/中国教育电视台

文匯出版社

图书在版编目(CIP)数据

开学第一讲 / 连保军,高艺主编. —上海：文汇出版社，2012.3

ISBN 978-7-5496-0126-4

Ⅰ. ①开… Ⅱ. ①连… ②高… Ⅲ. ①中小学教育-文集 Ⅳ. ①G63-53

中国版本图书馆 CIP 数据核字(2012)第 004704 号

开学第一讲

责任编辑 / 戴　铮
封面装帧 / 张　晋
出版发行 / 文匯出版社
上海市威海路 755 号
(邮政编码 200041)
经　　销 / 全国新华书店
照　　排 / 南京展望文化发展有限公司
印刷装订 / 江苏省常熟市大宏印刷有限公司
版　　次 / 2012 年 3 月第 1 版
印　　次 / 2012 年 3 月第 1 次印刷
开　　本 / 640×960　1/16
字　　数 / 120 千
印　　张 / 13.5

ISBN 978-7-5496-0126-4
定价：26.00 元

编 委 会

《开学第一讲(2011)》评选结果

10 位最具特色校长奖(排名不分先后)

最有深度校长	中国人民大学纪宝成校长
最有风度校长	南开大学龚克校长
最有创新精神校长	武汉大学李晓红校长
最美丽校长	中国石油大学(华东)山红红校长
最有思考力校长	华东师范大学俞立中校长
最有责任感校长	北京市第三十五中学朱建民校长
最有亲和力校长	北京市朝阳区十八里店小学陈春红校长
最有高度校长	上海市上海中学唐盛昌校长
最有感染力校长	江苏常州局前街小学李伟平校长
最有个性校长	江西蓝天学院于果院长

10 位最受欢迎校长奖(排名按网络票数)

北京立新学校曾军良校长

中国计量学院林建忠院长

四川音乐学院绵阳艺术学院龚珍旭院长

江西科技师范学院郭杰忠院长

天津市河北区大江路小学刘伟校长

海南省琼海市中原镇中心学校王林校长

西安市高新第二学校高杨杰校长

海南省琼海市第一小学潘超群校长

北京市怀柔红螺寺中学于荣学校长

陕西省咸阳市华星小学魏鹏校长

目　录

序言

中国教育科学研究院院长　袁振国

2011年秋季新学年开学之际,中国教育电视台(果实网)联合光明日报(光明网)、腾讯网、中国教育手机报首创推出了“开学第一讲”大型主题活动,以独具创意的“校长开学演讲征集”作为《国家中长期教育改革与发展规划纲要》落实的载体,并以“时代性、独特性、传播性、延续性”的优势和定位,得到了校长认可、媒体关注、网友追捧。

这是一个很好的创意和一次很用心的媒体行为。

今天,当我拿到完整的《开学第一讲》的书稿,认真阅读其中的内容时,我才更加感受到这一活动的价值和意义。校长作为学校教育改革的引领者和学校管理的责任人,对于党和国家各项教育方针政策的落实起着直接的作用。同时,校长的个人魅力和领导能力对于教师、学生的观念以及学校整体的办学风格都有着重要的影响。“开学第一讲”活动抓住校长这一教育改革发展的关键群体,是一次遵循教育规律、回归教育本质、推动教育改革,在校长、老师、学生、家长以及社会之间构筑起良性通道的创新和尝试。

本书积聚了“开学第一讲”活动的精华,汇集了全国各地40多位大中小学校长在开学典礼上的精彩演讲。这是一本特别的书籍，它不是一本个人教育专著，更不是一本普通的教育论文集，而是一本校长治校理念、治学观念、教育情怀、人格魅力、社会责任的综合亮相。

透过文字，我看到了教育者的担当和责任。正如北京航空航天大学怀进鹏校长所说："人生是充满责任的旅行，人的高尚与卓越也一直与责任相伴。有责任之人，多有独立思考、分析力和判断力，一般不会人云亦云；而缺乏责任之人则会淡忘人的最基本品质——诚信，随功利之波而逐流。"选择了校长的岗位就是选择了责任，为学生负责、为家长负责、为社会负责。江西蓝天学院于果院长在最具个性化的短短300余字的演讲中突出的还是责任，他说："我愿意为你们负责，为你们的青春负责、为你们的理想负责、为你们的未来负责。但是，我的能力毕竟有限，我的责任毕竟有限，所以，你们应该自己对自己负责，因为，生命终究是你自己的，生活终究是你自己的，未来终究是你自己的。"北京市第三十五中学朱建民校长也响亮地提出了："成长比成功更重要，成人比成绩更重要"的最高办学追求。书中诸如此类的陈述不胜枚举，透过这些朴实、诚恳的文字，我读到的是校长们的责任担当。

透过文字，我看到了教育者的至诚至爱和诲人不倦。无一例外，每个校长都把自己的学生当成自己的孩子，希望通过开学第一讲给他们最好的教育和忠告。北京师范大学钟秉林校长说："对于本科新生而言，迈入大学，是同学们人生中一个新的起点。面对新的学习环境，同学们要尽快完成角色的转变，融入大学的学习和生活之中。从一点一滴做起，有意识地在各个方面磨砺自己，学会做人，学会做事，学会学习，学会合作。"中国政法大学黄进校长说："我以为，只有从法大使命认识开始，从法大精神感受开始，你们才能真正理解在法大跌宕前行的艰苦历程中，那种荡气回肠、惊心动魄的'法大力量'。因此，大家要以高度的责任感和使命感，珍惜前辈们留下的精神馈赠，并努力使之发扬光大。"北京语言大学崔希亮校长说："在大家十几年的求学路上，留下的不仅仅是自己的汗水和脚印，还有父母、师长的一路陪伴与辛勤奉献。对自己的父母要知恩图报，尊敬他们，孝顺并且爱他们。世界上最无私的爱来自父母。你们离开了家，空巢家庭的父母需要很长的时间调整自己，‘儿行千里母担忧’，多给他们写信、打电话。对于曾经传授你们知识的老师们要时刻惦记在心，他们一直在默默地关心着你们的成长。”尽管大学生已经基本成人，但在校长的眼里，他们仍然是正在成长的孩子，校长们对他们悉心教导、无微不至。如果说大学校长对大学生的爱是宽广、无私、智慧的父爱，那么中小学校长对学生的爱则是温暖和柔情，甚至絮絮叨叨的慈母爱。武汉武昌水果湖第二小学罗汉萍校长说：“我希望大家都能做到：懂礼仪，对人有礼貌，主动问好！会走路，行走靠右行，互相谦让，杜绝碰撞。爱劳动，讲卫生，不乱扔废弃物，将垃圾归类丢放。爱学习，爱读书，提前整理学具，上课认真听讲。勤思考、勤发言，按时完成当天作业。”江苏省常州市局前街小学教育集团李伟平校长说：“孩子们，感谢是内心的触动，是沟通心灵的桥梁，是承载希望的风帆，是倾注关爱的摇篮，是实现理想的翅膀。让我们在新学期每一天里都用最美丽的语言‘感谢’来缩短与他人的距离。最后，我只想说一句：孩子们，感谢你们！看到你们，我就看到了新学期的新希望！”这样的文字在这本书里处处可见，也许不是豪言壮语，也没有激情澎湃，但透过文字，我不仅看到教育者的责任、担当和谆谆教诲，更看到了教育者的魅力和情怀，看到了教育者无私无我的爱和人生的终极追求。

阅读书稿，让我深受鼓舞和启发，让我看到健康向上、生机活力、生动活泼的教育景象，相信您的阅读会有更多不一样的发现和收获。

也祝2012年“开学第一讲”大型品牌活动，成为广大公众集中了解教育改革发展动向，了解校长们治教办学理念的新平台。

中国人民大学纪宝成校长：

行为精英 心为平民

纪宝成，1944年11月生于江苏扬州。1966年大学毕业于北京商学院，1981年研究生毕业于中国人民大学，获经济学硕士学位。曾任中国人民大学讲师、副教授、教授、副教务长、教务长，商业部教育司司长，国内贸易部教育司司长，国家教委高等教育司司长、计划建设司司长，教育部发展规划司司长兼教育部直属高校工作办公室主任，中国人民大学校长(2011年11月退休)。教授、博士生导师，国务院学位委员会委员兼学科评议组成员，第十届、十一届全国人大代表，教育部社会科学委员会委员。主要从事市场与商品流通、商业经济、市场营销等领域的教学和研究，在教育改革、教育管理、教育研究和公共管理方面也颇有建树，取得了丰硕的学术成果。

老师们，同学们，各位家长，各位来宾：

大家下午好！金秋时节，我们欢聚一堂，隆重举行中国人民大学2011级新生开学典礼。我谨代表学校，向7,967名成为人大人的新同学表示热烈的欢迎！向为抚育孩子成长付出心血和汗水的各位家长表示诚挚的问候！

在7,967名新生中，有本科生3,342人（其中国防生118人、港澳台侨生86人、第二学士学位生38人），硕士研究生3,741人，博士研究生884人。新生中有外国留学生641人。值得一提的是，我国著名网球运动员彭帅今年也成为我校国学院的一名本科新生。在中国人民大学以“二次创业”的雄心迈出“十年腾飞”步伐之时，你们的加入，为学校增添了青春的力量，此时此刻，我与全校教职员工一样，内心充满了喜悦，充满了自豪！

中国人民大学是中国共产党创办的第一所新型正规大学，有着光荣的革命传统，始终得到党中央的亲切关怀。学校的前身是1937年诞生于抗日战争烽火中的陕北公学，以及后来的华北联合大学和华北大学。毛泽东同志亲自为陕北公学题写长篇题词，并多次亲自到学校讲课。1950年10月3日，以华北大学为基础命名组建的中国人民大学隆重举行开学典礼，刘少奇、朱德等党和国家领导人出席典礼。1978年，邓小平同志亲自过问“文革”期间停办的中国人民大学的复校情况和师生的学习、生活条件等办学细节问题，并就学校办学方向专门做出指示。2002年4月28日，江泽民同志专程考察中国人民大学，就繁荣和发展哲学社会科学发表重要讲话，提出要把中国人民大学建成“以人文社会科学为主的世界知名的一流大学”。2008年3月15日，胡锦涛总书记亲临我校，出席“中日青少年友好交流年”开幕式活动，并亲手在我校校园种下玉兰树和樱花树。2010年9月9日，教师节前夕，胡锦涛总书记专程再次来到人民大学，亲切看望广大师生员工，充分肯定我校作为“中国共产党创办的第一所新型大学”的历史地位，充分肯定我校“立学为民、治学报国”的办学宗旨，充分肯定我校建校以来尤其是改革开放以来取得的巨大成就，提出要把中国人民大学建设成为“人民满意、世界一流”大学。

胡锦涛总书记考察我校时强调，“希望同学们继续努力，把自己培养成国家、社会所需要的杰出人才”。胡总书记希望人大学子能成为“杰出人才”，而不是一般的人才。这是胡总书记对人大学子的殷切期望和特殊要求。培养国家、社会所需要的杰出人才，与我校“立学为民、治学报国”的办学宗旨和“国民表率、社会栋梁”的人才培养目标是完全一致的。成为国家、社会所需要的杰出人才，就要在各自的岗位上为国家的发展、社会的进步、人民的福祉做出杰出的贡献。作为中国人民大学的学生，如何更好地响应胡总书记的号召，如何在大学阶段为将来成为国家、社会所需要的杰出人才打好基础，借此机会，我有几点想法和大家分享、共勉：

一、要想成为国家、社会所需要的杰出人才，就要具有远大的理想、高尚的道德品质和强烈的社会责任感

具有远大的理想，就是要树立为中华民族伟大复兴而读书、为中国特色社会主义建设事业而奋斗的志向。中国人民大学有着与党和国家同呼吸、共命运的光荣传统。毛泽东同志曾对陕北公学给予高度评价，他说“中国不会亡，因为有陕公”。中国人民大学命名组建之初的重要任务，就是要“培养万千建国干部”，因此也被称为“共和国建设者的摇篮”。今年是建党90周年，作为中国共产党创办的第一所新型大学——中国人民大学的学

生，自然就应该多一份特殊的责任感和使命感。如果同学们来人民大学学习的目的仅仅是为了将来谋得一份好工作、有一份高收入、过一种安逸的生活，那怎么能成为国家、社会需要的杰出人才呢？这不过是爱因斯坦称作的“猪栅栏式的理想”罢了。古人讲“天下兴亡，匹夫有责”，就是要把个人的命运同国家、民族的命运紧紧联系在一起。成为国家、社会需要的杰出人才，就要把个人自我价值的实现，同为建设富强、民主、文明、和谐的社会主义现代化国家作出杰出贡献紧紧联系在一起。

具有高尚的道德品质，最基本的、也是最重要的，就是诚信。诚信是中国传统文化尊崇的重要价值和美德之一。《礼记·中庸》上说“诚者，天之道也；诚之者，人之道也”。对于个人而言，诚信乃立身处世之本，孔子曾说“人而无信，不知其可也”；对于国家而言，诚信乃是良好社会秩序的基础，孔子曾讲“民无信不立”，荀子更把诚信看作治国理政的重要方面，他说“夫诚者，君子之所守也，而政事之本也”。《吕氏春秋·贵信》中，把各个层面不讲诚信的后果描绘得淋漓尽致：“君臣不信，则百姓诽谤，社稷不宁。处官不信，则少不畏长，贵贱相轻。赏罚不信，则民易犯法，不可使令。交友不信，则离散郁怨，不能相亲。百工不信，则器械苦伪，丹漆染色不贞。”当今社会，由于受市场经济负面影响等多种原因的影响，社会上存在着道德沦丧、诚信缺失、急功近利、金钱至上等不良现象，亟需重建社会的诚信体系和道德规范。中国人民大学的学生，应该从现在做起，从小事做起，从自我做起，以“吾日三省吾身”的态度恪守诚信，为重建社会的诚信体系尽一份力量。

具有强烈的社会责任感，就是要有人民观念和群众意识，关注社会、关注国情、关注民生，努力做到“行为精英，心为平民”。中国人民大学从战火中走来，得以“中国人民”这一神圣的称号命名，既是学校的无上光荣，又是学校的神圣使命。作为人大学子，应当对“人民”两个字有更加深刻的理解，牢记“立学为民、治学报国”的办学宗旨，牢固树立“为人民服务”的坚定信念。我希望同学们做到“行为精英，心为平民”，行为精英，就是自强不息、探索新知、追求真理、追求卓越，在学业、事业上取得成就，能为国家和社会做出杰出贡献；心为平民就是要树立人民观念和平民意识，心系大众、扎根实际、深入基层，心里装着老百姓，踏踏实实服务于人民群众。

二、要想成为国家、社会所需要的杰出人才，就要掌握服务人民、报效祖国的真本领，具备开阔的国际视野，培养终身学习的能力

要掌握服务人民、报效祖国的真本领。学生学生，顾名思义，以学为生，学习是大家的第一要务。不“立学”何以“为民”，不“治学”何以“报国”？入学时水平相当的同学，后来的学业和事业却往往有很大的区别，造成这种区别的重要原因就是进取精神、学习热情和自主自律能力的强弱。同学们要以奋发向上的精神状态始终保持旺盛的求知欲，围绕着基本理论、基本知识和基本技能来刻苦攻读，夯实未来发展的基础。同学们要多读书，读好书，读经典，要读马克思主义的经典著作，要读中外学术经典名著，汲取各种养分，丰富自身的知识和精神世界，能够和先贤往圣进行心灵的沟通和对话。同时也要充分利用第二课堂，积极参与社会实践，把书本知识和现实生活结合起来，具备问题眼光和建设性的批判态度，在学习和实践的过程中善于提出问题、分析问题，不断充实自我、提升自我，学有所成、学有所获。

要具备开阔的国际视野。当前，全球化正在深入渗透我们生活的方方面面，世界越来越成为一个“地球村”，一国的发展，正面临着越来越多的全球性或全球化的问题，特别是随着网络技术、信息技术的发展，各国、各地区之间相互联系、相互影响不断加强。作为人民大学的学生，更要敢于迎接这一潮流，适应这一时代，把握机会，积极参与，充分利用一切对外交流活动机会，了解其他国家的历史文化、风土人情，了解科学前沿知识，了解国际学术发展的动态，拓展自己的国际视野，培养国际战略眼光。不仅要关注本地区、本国的事情，也要关心国际大事，站在世界的高度来观察和研究问题。古人讲“风声、雨声、读书声，声声入耳；家事、国事、天下事，事事关心”，说的正是这个道理。

要培养终身学习的能力。当今社会发展迅速，知识总量迅速增长，知识发展和更新的速度也日益加快，特别是自然科学知识。在这样的背景下，从大学里学习到的知识不可能完全适应将来工作的需要和自我发展的需要，大学所培养的，也只是杰出人才的“毛坯”。因此，要注重培养自己终身学习的能力，重视增强自己的理论思维和创新思维，养成主动学习、不断探索的习惯，掌握高水平学习的方法和技巧，学会在实践中不断学习，增长才干。终身学习就是我们通常讲的“活到老，学到老”。联合国教科文组织曾指出，终身学习是21世纪人的通行证。终身学习不仅是个人的事，也是我们的一项国家战略。党的十七大报告就指出，要建设全民学习、终身学习的学习型社会。去年颁布的《国家中长期教育改革和发展规划纲要》确立的基本目标，就是要在2020年基本形成学习型社会。

三、要想成为国家、社会所需要的杰出人才，就要具有健康、强健的身心素质

大学的学习和生活，从某种意义上讲就是对人的综合素质的高水平拓展和提升。这既是对大家知识、能力和社会责任感的提升，又是对大家身体素质、心理素质和意志品格的磨练。毛泽东同志在青年时代曾经讲过：“欲文明其精神，必先野蛮其体魄。”强健的身心是顺利完成大学学业，走向社会的重要基础。我希望人民大学培养的学生首先应该是一个身心健康、强健的人。在当今社会发展迅速、工作生活压力加大的时代，这一点尤其要引起格外的重视。保持身心强健，一是要养成健康积极的生活习惯，坚持锻炼身体。生命在于运动，运动不仅造就强健的体魄，也造就强者的心态。热爱运动的人总是更有勇气面对挑战，更有热情面对人生。二是不要过分看重一时一事的得失，经得起成功，更经得起挫折，总是要自勉自励、奋发进取、百折不挠、自强不息。在努力追求学业进步的同时，积极融入到丰富多彩的大学生活之中，努力拓展视野、宽广胸怀。三是要学会关爱他人，增强与他人和谐相处、合作共事的能力，培养团队精神。大家共同进步、共同提高，使我们学校涌现更多的文明宿舍、优秀班级、精彩社团，使我们的校园始终保持“宁静圣洁、自由和谐”，始终充满优雅和高尚、生机和活力。

各位新同学，良好的开端是成功的一半。希望本科新生尽快完成高中生活向大学生活的转换，研究生同学早日进入“研究”状态。2007 年开学典礼时，我填写过一首小令《诉衷情》，在今年的毕业典礼上，我送给了 2011 届本科毕业生。今天又是开学典礼，我把这首小令也送给大家：“青春扑面喜盈堂，望眼尽轩昂。后生可畏如是，何乐直相当！言热烈，掌声长，最风光。校歌嘹亮，激荡心潮，大爱无疆。”相信在不久的将来，你们必将不辜负胡锦涛总书记的殷切期望，成为国家、社会所需要的杰出人才，成为国民表率、社会栋梁！

最后祝大家学业有成！谢谢大家！

北京师范大学钟秉林校长：

志不强者智不达

钟秉林，留英博士。北京师范大学和东南大学教授，清华大学兼职教授。从事机械故障诊断学研究以及高等教育管理工作。1994年任东南大学副校长，1996年调任教育部高等教育司司长，2001年由国务院任命为北京师范大学校长。主要兼职：全国政协委员暨教科文卫体委员会委员，国务院学位委员会委员暨机械学科评议组成员，中国教育国际交流协会副会长，全国教育专业学位教育指导委员会主任委员，教育部机械学科教学指导委员会副主任委员，中国高等教育学会教育评估分会会长；《机械工程学报》编委会副主任；英国加迪夫大学名誉副校长，丹麦奥尔堡大学荣誉教授，香港学术及职业资历评审局理事。

亲爱的同学们、老师们，各位家长朋友们：

今天，我们在这里隆重举行北京师范大学2011级新生开学典礼。首先，我代表学校向全体新同学表示热烈的欢迎！向各位家长表示亲切的问候！

同学们当中，有成绩优异的学习尖子，有全面发展的创新人才，有乐观坚毅的自强学子，有立志投身祖国基础教育事业的免费师范生……你们带着对未来的美好憧憬和亲人的殷切期望，从四面八方来到校园，为百年师大注入了新鲜血液和新的活力。我们为你们感到骄傲和自豪！

北京师范大学是一所以教师教育、教育科学和文理基础学科为主要特色的综合性、研究型大学，拥有109年的悠久历史。她的前身是创办于1902年的京师大学堂师范馆，是中国最早创建的国立大学之一。一个多世纪的风雨历程，北京师范大学始终同中华民族争取独立、自由、民主、富强的伟大事业同呼吸、共命运，铸成了“爱国进步、诚信质朴、求真创新、为人师表”的优良传统。以李大钊、梁启超、鲁迅、钱玄同、黎锦熙、陈垣、范文

澜、侯外庐、白寿彝、钟敬文、启功等为代表的一大批名师硕儒曾在我校著书立说，弘文励教，培育和凝炼了"治学修身，兼济天下"的育人理念和"学为人师，行为世范"的校训精神。百余年来，北师大为国家输送了 20 多万名高水平师资和各类高级专门人才，培养了许多杰出的教育家、科学家和社会活动家，为国家和民族做出了卓越贡献。

百年文化积淀，孕育了北师大朴实严谨、求是创新的校风学风和崇高的学术声誉。今天的北京师范大学，是国家"211 工程"和"985 工程"重点建设学校，总体办学实力和教育质量始终居于全国高校的前列。学科门类齐全，名师名家荟萃，科研实力雄厚，对外交流广泛，教学质量领先，是学术研究重镇和文化交流窗口，是新知识和新理论的摇篮，更是享誉全国的多元化高层次人才培养基地。迈入新世纪，学校确立了建设"综合性、有特色、研究型世界知名高水平大学"的战略目标。在"十二五"的开局之年，学校正站在新的历史起点上构思百年师大未来发展的新篇章。我深信，学校的不断发展会为同学们的学习与成长提供更加丰富的资源和更加宽广的平台！

今年 6 月，温家宝总理五年内第三次来到北京师范大学，在首届免费师范生毕业典礼上，对青年学子提出了殷切期望。北京师范大学肩负着时代所赋予的教育兴邦的重要历史责任。作为北师大的新生，你们也同样肩负着党和国家的殷切期望！在此，我提出四点希望，与各位同学共勉。

第一，胸怀远大理想，立志爱国奉献。古人说：志不强者智不达。同学们在激烈的竞争中脱颖而出走进北师大，是同龄人中的佼佼者。如今，站在新的起点上，树立坚定而高远的理想至为重要，希望同学们能立为国奉献之志、立为民服务之志，以坚定远大的理想励志前行，以孜孜不倦的精神求索新知，以自强不息的奋斗成就人生，将个人成长成才融入祖国建设的伟大事业，以实际行动创造无愧于人民、无愧于时代的业绩，谱写壮丽的青春乐章。

第二，加强品德修养，陶冶高尚情操。"大学之道，在明明德，在亲民，在止于至善。"优良的品德是立足社会、成长进步的根本。北师大"学为人

师、行为世范”的校训彰显的就是一种精神、一种品德、一种风范。希望大家把文化知识学习和思想品德修养紧密结合，做一个有社会良知的人，做一个道德高尚的人。在此，我特别强调同学们在求学期间要恪守学术规范，树立正确的学习态度，养成优良的学风，努力成为一名德才兼备的优秀人才。

第三，坚持自强不息，不断锤炼毅力。在第26届世界大学生运动会女足比赛中，以我校女子足球队为班底的中国女子足球队顽强拼搏，荣获冠军，向世人展现了师大学子奋勇争先的风采。女足队员们的优异表现源于她们平日的刻苦训练，源于她们的顽强毅力，在她们身上体现了师大人自强进取、奋勇争先的精神。希望同学们能跟她们一样，勤奋学习、刻苦钻研，用丰富的学识和有益的实践来完善自己，为将来高翔远举打下坚实的基础。

第四，迅速转换角色，自觉融入集体。对于本科新生而言，迈入大学，是同学们人生中一个新的起点。面对新的学习环境，同学们要尽快完成角色的转变，融入大学的学习和生活之中。从一点一滴做起，有意识地在各个方面磨砺自己，学会做人，学会做事，学会学习，学会合作。在此，我希望全体同学们心胸开阔,辩证地处理好学习和生活中的各种关系,坦然面对学习和生活中的困难和挫折,在新的集体中开心地生活。希望同学们开拓视野,积极参与校内外交流,拓宽学术视野,勇攀科学高峰,努力成为新时代的拔尖创新人才。

最后,祝老师和家长们身体健康,工作顺利!祝同学们学习进步,学业有成!

谢谢大家!

北京航空航天大学怀进鹏校长：

激情 责任 荣誉

怀进鹏，北京航空航天大学校长，中国科学院院士。现任国家“863”计划信息技术领域专家组组长、“核高基”国家重大科技专项总体组副组长与基础软件组组长、国务院学位委员会第六届学科评议组计算机科学与技术组成员、中国计算机学会副理事长、中国航空学会副理事长、中国宇航学会副理事长等。积极推动了2010年中国高等工程教育高峰论坛暨中国首届国际工程师培养模式论坛，提出了旨在提升培养高等工程人才的“北京五点共识”，多次在中外大学校长论坛中作主旨发言。基于在高等教育方面的贡献，被授予2010年IET教育基金—北大方正大学校长奖。

亲爱的同学们、老师们:

大家好!

今天,是北航的一个节日,我们隆重举行 2011 级研究生新生开学典礼。首先,我代表胡凌云书记以及全体师生员工,热烈欢迎我们的新成员!

今年,我们共有 3,870 名新生,其中博士生 714 名,平均年龄为 27.3 岁,而数学与系统科学学院的博士生张炘炀只有 16 岁;硕士生 3,156 名,平均年龄 23.5 岁。你们的到来,为学校增添了青春活力,你们生命中一段最精彩、最具创新活力的青春时光将在这里度过。许多校友曾说,北航改变了我的人生。我相信,这里,也将成为你们成就人生梦想的新起点,你们也会创造出不一样的精彩。

作为我国建立的第一所航空航天高等学府和一流大学,59 年来,一代代北航人秉承“德才兼备、知行合一”的校训,把服务国家战略和国际学术前沿作为学校的发展目标,把追求卓越作为办学理念,培养了一大批兴业人才、治国栋梁和学术精英,无数卓有成就的海内外校友已成为北航成功的标志,为国家经济社会发展、国防现代化建设做出了实质性的历史贡献。

首先,北航一直拥有一支杰出的师资队伍。刚才宗光华教授怀着感恩的心,提到的建校元老铸就了北航的创业辉煌。我们现有高镇同、李未、钟群鹏、陈懋章等著名科学家,和以国家科技一等奖获得者徐惠彬、张广军、张军、房建成、向锦武教授等为代表的杰出中青年领军人才,更有一批甘为人梯、无私奉献的优秀教师群体和管理团队。全国模范教师陈懋章院士的"做人要傻,做学问要痴"的人生境界和"一竿子插到底"的治学精神,以及一代代北航人的学术和道德文章是我们宝贵的精神财富和学习楷模,这就是北航的传统与价值!也是北航为你们做出的最好准备!

其次,北航拥有一流的实验室和学术创新能力。我们现有7个国家级重点实验室、4个国家级工程中心和36个省部级重点实验室与工程研究中心,航空科学与技术国家实验室正在筹建中,并汇聚了沙德洛夫、谷畑勇夫等国际一流学者的加盟,现已经完成国家实验室总部大楼的设计,即将在我们美丽的沙河校区开工建设,她的建成将成为国际航空航天学术中心和创新人才培养中心,强有力地推动我国大飞机和航空发动机事业的发展。我们有国家重点一级学科8个,在全国并列第7,有11个一级学科进入前10名,6个进入前5名,形成了航空航天与信息技术两大优势学科群。特别是,10年来,学校以面向国家战略需求和国际学术前沿为己任,创造了一所大学持续科技创新的纪录,共获得44项国家三大奖,7年产生了7项国家级科技奖励一等奖。上述成就凝结了一代代北航人的不懈追求,也汇聚了研究生科技创新的精彩,仅过去五年,就有367人次获得省部级以上科技奖,其中51人获得国家科技奖,涌现出以国家技术发明一等奖获得者孙津济、蔡开泉等和15名全国百篇优秀博士学位论文获得者为代表的学术新星,他们是北航的骄傲,也是我们学习的榜样。

同时,北航拥有先进的大学文化和良好的育人环境。人才培养是北航的中心任务和使命,近年来,通过培养方案改革,通过高等工程学院、中法工程师学院、华罗庚班和知行文科实验班,推进具有"科学基础、人文素养、工程能力"特征的拔尖创新人才的培养实践,努力把优质办学资源转化为人才培养能力,把科技创新优势转化为人才培养优势,并围绕区域经济和

新兴产业发展，与北京、深圳、广州等地，以及航空航天等国有大型企业和科研院所建立产学研联盟，努力打造更加科学合理的创新人才发展环境，初步形成了以课堂与实验教学、创新研究与实践、学术交流与合作等多方位研究生培养模式；学校还通过博士研究生创新基金和学术奖励等机制，推进建立研究生学术创新环境和激励机制；通过加强国际著名大学联合培养与出国留学、国际学术交流和暑期学校等计划，把国际学术合作交流作为研究生培养的着力点，大力提升研究生国际交流能力。

还有，为了你们的到来，暑假里，后勤、资产等部门克服困难，系统地整修了生活和学习设施，美化了校园环境，启动了大运村公寓暖气改造工程，尽力营造良好的学习和生活环境。

刚才，宗光华教授从自己从学、为师三十余年的人生经历和感悟，对你们提出了真诚的建议。今天，我还想特别告诉各位的是，与10年前相比，你们当下所面临的学术和社会环境已经发生了很大的变化。一方面，科技创新与商业模式的变革与融合，以及新兴产业的兴起，社会在竞争中继续加速发展，挑战性增强，创造有价值的知识已成为社会发展的动力，并将决定一个国家和社会的繁荣昌盛，而创造知识更加依赖于受过创新教育与追求学术卓越的一代英才;同样,我们过去继承和创造的研究与教育方法,有效地培养学生深刻领会了科学与工科的基本原理和方法,形成了具体学科与专业方向,但面对日益变化的世界和错综复杂的任务,单纯依靠知识和技能教育已无法使你们掌握未来发展所需要的全部知识。为了能更好地发挥你们实现服务社会的全部潜能,成为未来的领导领军人才,我们仍面临新的改革需求,我们要共同为未来做好准备。另一方面,中国33年改革开放取得了举世瞩目的伟大成就,已成为世界第二经济体,按世界银行的新标准,去年我国人均GDP超过了4,000美元,从10年前的“低收入”、“下中等收入”进入了“上中等收入”国家行列,崛起的中国对世界格局也越来越发挥着重要影响力,这是中国现代化进程、经济发展水平和社会进步的里程碑标志。但是,中国社会经济发展的不平衡、不协调、不可持续问题依然十分突出,产业结构、区域发展、科技创新能力、收入分配与就业等制约可持续发展的障碍与社会矛盾明显增多。同时,今天的中国与世界已经更紧密地联系在一起,在全球化带给我们巨大发展的同时,中国的崛起也遇到了前所未有的国际互动、利益冲突与矛盾,我们既要面对国际的经济低迷、债务危机、能源危机、环境污染,还要面对不同文化的交流、碰撞和对立,以及地区性的对抗与冲突。因此,这是一个充满机遇和挑战的时代,它比以往任何时候,更需要具有国际视野的智者和引领发展的一大批领军和领导人才,这是一个需要你们奋发图强,并可以大有作为的时代!

同学们,面对这些新的变化和挑战,面对中国转型时期的困惑与矛盾,转变经济发展模式已经成为时代的主旋律,人才强国战略、建设创新型国家已成为国策。随着国家科技、人才和教育三大规划纲要相继出台,中国的科技教育进入了蓬勃发展的历史时期,未来更需要以科学家和工程师为主导的科学和经济相结合的一代人才,这是一个召唤优秀人才的时代,也是一个杰出人才不断涌现的时代,这是一个属于你们的伟大时代!

因此,作为同龄人的精英代表,10年、20年后,你们的期待将会怎样?面对不一样的环境与问题,面对未来的挑战与使命,你们是否已经开始准备,已开始唤起你们所有的创造激情,迎接创造未来的精彩?我认为,你们已经有所思考，我希望，你们为未来早作准备！

明年，北航将迎来第一个甲子。同样地，如何更好地服务于国家战略和国际学术前沿，如何更好地培养拔尖创新人才，也需要我们进行系统的反思和决断。为了迎接发展机遇与挑战，为了追求卓越并引领发展，我要告诉各位，北航也正处在新的历史起点上，这需要我们用智慧、勇气和行动，抓住机遇，挑战并超越自我，我们要共同为未来做好准备。

为了顺应和引领发展，北航发展变革既要体现于先进的研究计划，更重要的是教育本身，因为北航是培养优秀人才和产生新知识、新思想和新技术的一体化机构，是教师和学生的共同社区。首先，我们要积极推动改革教学计划和培养方式，使学生学会如何从许多不同学科中获取知识并加以融合，如何进行团队合作和独立工作。教师不仅要传授知识，更要把知识变成智慧，探索和实践培养学生的思维能力与创造性，使学生领会如何创造知识的方法和能力，而这更需要我们共同努力，建立一个优秀的学术环境；我们要积极探索跨学科人才培养机制改革，探索建立学术、教育与管理架构的新的平衡，培育跨学科的科研与教学相结合的团队，推进建设多学科综合交叉研究中心，促进科研与教学互动、与创新人才培养相结合的有效机制；我们要积极推动人事制度改革，激发活力，持续提升师资队伍国际合作交流能力和国际智力资源引进力度，通过师生共同进行创造性的新兴交叉研究，在创造知识中培养人才、在培养人才中创造知识，分享服务国家科技战略和创造知识的人生乐趣。

我相信，要实现建设空天信融合特色的世界一流大学目标，我们必须在服务国家战略基础上，把提升学科交叉的创新研究能力和国际学术影响力作为我们永无止境的追求；我们必须通过持久的激情和持续的改革，才能使这片沃土更好地成为智慧、创新和思维的殿堂，才能通过知识的学习、探索能力的提升和文化思想的交流，唤起和激发学生形成创新思维的知识结构、培养其思想的独立性、知识的创造力和多元文化的沟通能力，使创新成为北航人的一种习惯，使北航成为国家和社会未来领导领军人才之培养基地。

因此，为了牢牢把握重要战略机遇期，我们需要全面认识当前教育科技发展环境新变化，需要准确把握国内外经济社会发展对创新人才培养和科技创新能力的新需求，更需要充分认识到我们的新机遇和新挑战，客观分析我们的实力与目标间的差距，汇聚全体北航人的勇气和智慧，在创新中促转变，在转变中促发展。目前，北航已完成了“十二五”发展规划，这是北航人共同的发展目标和行动指南。我坚信，如果北航人能找到勇气改变自己，我们，就能改变世界！

同学们，面对社会发展进程和可能、必然出现的问题与挑战，你们要早作准备。未来的10年、20年，是我们祖国创造新辉煌的时代，当你们逐渐步入中年时，随着我国科技创新与人才优势的显现，随着我国社会经济与国防实力的发展，以及社会转型中矛盾的消解，中国的国际影响力、东西方力量与结构布局也许会发生本质的变化，也一定会有新的、更多的挑战。所以，当下的你们要为此早做准备，既要锻炼学术创新与服务社会的能力，以引领发展，也要有国际视野，掌握与商业社会、学术同行、不同文化人士的沟通交流能力，以拥抱民族振兴之伟任，担负国家和时代赋予你们的神圣使命！

一周前，我在2011级本科生开学典礼上，通过三个英文单词来回应如何做一名北航人，今天也赠给各位，与大家共勉。

第一个是passion，激情。我认为，激情是追求卓越的一种品质。一名领导、领军人才一定要具有很强的目标或远景，他应善于自我激励，具备常人所缺乏的坚定信念和献身精神，以及持续的发展动力。成功的路是一条漫长而艰辛的路，我们时常要面对新的思想、新的变化、新的困惑，乃至新的挑战。激情将会是一种坚定和信心，持久的激情可以让我们忍受寂寞、坚持追求，用蕴含无限创造力的激情赢得事业的卓越！激情还是一种热爱，我们要常怀感恩之心，珍惜和积蓄对自己、家人、同学、师长的爱，构建起对社会和国家的爱。我相信，你们对事业的激情和对生活的热爱是你们取得成功和幸福的倍增器！

第二个是duty，责任。人生是充满责任的旅行，人的高尚与卓越也一直与责任相伴。有责任之人，多有独立思考、分析力和判断力，一般不会人云亦云；而缺乏责任之人则会淡忘人的最基本品质——诚信，随功利之波而逐流。责任是对信心、承诺及其兑现的一种选择，当责任成为一种习惯，才可能成就梦想，才可能承担更多和更大的责任，成为社会的栋梁，因此，责任也是成就事业的一种要素与标志。所以，当我们关注于个人发展，欣喜于个人进步的同时，期望你们从小事做起，脚踏实地，更好地理解自己的责任，因为，你们选择了北航，也是选择了你一生的责任。

第三个是 honor，荣誉。崇尚荣誉是北航的文化传统。荣誉是激发斗志、成就梦想的精神动力。希望大家，志存高远，以立志服务国家发展、造福天下为大德，以为祖国和人民“立功、立言”为荣誉，珍惜学术声誉，追求学术卓越。我相信，崇尚荣誉，将会持续地唤起北航人追求真理的勇气和创造活力；崇尚荣誉，也必将会增强你们将困难转化为成功的信心和能力！

同学们，北航是你们成就卓越、放飞梦想的舞台，激情、责任、荣誉将会是你们超越自我的一种选择，让激情成就梦想，让责任塑造人生，让荣誉与你同行，让健康与你同伴！你们，必将开创未来，你们一定会创造出属于你们的精彩与辉煌！

谢谢大家！

对外经济贸易大学施建军校长：

做一个有益于社会的精英人才

施建军，1955年10月生，安徽省人。1984年4月加入中国共产党。经济学博士，教授，博士生导师，享受国务院政府特殊津贴专家。1975年3月参加工作，2001年获厦门大学经济学博士学位。1996年4月任南京大学总会计师，1997年7月任南京大学副校长，2005年4月起任南京大学常务副校长。曾作为高级访问学者赴英国里兹大学、香港理工大学、美国堪萨斯大学访问，参加过澳大利亚悉尼大学、拉筹伯大学"影子校长"实习项目。先后发表有关供应链管理、区域R&D活动与经济发展、科技统计、企业与高校财务等各学科学术论文100多篇。出版著作《大学财务综合评价研究》、《高等院校资金运作与风险防范研究》、《统计学教程》等20多部。2009年5月被任命为对外经济贸易大学党委委员、常委、校长。

亲爱的 2011 级本科新同学，各位老师、家长、来宾们：

上午好！

今天对对外经贸大学来说，又是一个喜庆的日子。我校 2011 级 2,106 名本科新生同学，怀着对未来人生事业发展追求的梦想来到惠园，开始了新的大学学习生涯，这是你们放飞梦想的地方，也是你们实现自己梦想的殿堂。首先请允许我代表全校党政领导和全体师生员工向你们表示热烈欢迎，也为你们经过辛苦努力、终于在激烈的考试竞争中脱颖而出，如愿以偿考入对外经济贸易大学表示衷心的祝贺！向始终帮助、支持、教导你们成长成才的老师、家长和亲友们表示诚挚的敬意！

各位新同学，今天你们考入中国对外经济贸易大学，成为其中的一员，也就意味着从现在起，你们终生拥有了同一张名片——贸大；我们拥有同一个称呼，贸大人。这是我们每一位新生终生的名誉和骄傲，也是你们的无形资产。UIBE 将是你们骄傲的母校。感谢你们正确地选择了贸大，选择贸大就是选择你们未来的职业，选择贸大就是选择无悔的人生，选择贸大就是选择你们未来辉煌的事业！

同学们，你们是幸运的！对外经济贸易大学以财经、外语、政法为学科

特色，在国际化、全球化的背景下，招收的都是全国一流的生源。近年来，根据网络统计，对外经济贸易大学在全国高校高考录取中文理科都始终保持在全国前九位之内，所以我校也被称为中国文科最难考的大学之一。今年对外经贸大学文科在全国 23 个省市的录取分数超出一本线 50 分以上。北京、天津、辽宁等 9 个省市超出 70 分以上。理科在全国 14 个省市的录取分数超过一本线 100 分以上。我校文科录取的考生排名基本保持在全国各省市前 300 名左右，理科录取的考生排名基本稳定在全国各省市前 1,800 名左右。在北京高校一批录取批次中，我校理科和文科均排名第 4，被誉为“京城四大”，即北大、清华、人大、贸大。

同学们，你们是幸运的，因为今年是对外经济贸易大学建校六十周年，我们将在 9 月 25 日隆重举行建校六十周年庆典大会。六十年一甲子，对中国人来说，它的时间意义和文化价值在于完成了一个轮回。对经贸大学而言，六十年更是意义重大，六十年的沧桑，积淀了学校厚重的文化底蕴，六十年的风雨，炼就了贸大人坚强的大学精神。对外经济贸易大学在艰苦岁月中诞生，在时代风雨里成长，在改革的春风中蓬勃发展。同学们，我们将共同见证这个伟大的历史时刻，也将在承接新的起点上共同续写贸大未来辉煌发展新篇章。

六十年来，经过不断艰苦创业，努力奋斗，锐意改革，大胆创新，对外经济贸易大学已经发展成为一所拥有经、管、法、文四大门类，以国际经济与贸易、法学、金融学、工商管理、外语为优势专业的多科性财经外语政法类特色大学；一所能够培养具有社会责任感、高素质、创新型，有国际视野，通晓国际规则，有核心竞争力的国际化未来领军人才的精品大学；一所在国内外享有良好办学盛誉的高水平研究型大学。目前，我校拥有国家级重点学科 2 个，国家级人文社会科学重点研究基地 1 个，北京市重点学科 6 个，北京市哲学社会科学研究基地 1 个，博士后流动站 2 个。在你们入学的前夕，再次传来喜讯，我校喜获统计学博士学位授权一级学科，至此我校拥有理论经济学、应用经济学、法学、工商管理、统计学 5 个一级学科博士点，8 个一级学科硕士点及 9 个硕士专业学位授权点，覆盖经济学、管理学、文学、法学四大学科门类。学科数量是一所高校教学、科研水平和学科综合实力的集中反映，是体现大学办学实力的重要标志，我校这些学科授权点的获得必将使我们向建成“国际竞争力、影响力显著增强的国际知名有特色高水平研究型大学”的办学目标迈出更加坚实的一步。我校的科学研究今年又攀新高，自科、社科，教育部人文项目大获丰收，名列全国同类高校的第一名。

一流的生源，必须配备一流的师资。经贸大学有在国际经济与贸易、法学、金融、工商管理、保险、外语等专业领域内一大批专家学者教授，他们在各自的岗位上兢兢业业、无私奉献，培育了一批又一批外经贸优秀人才。

一流的生源，必须进行一流的培养。我校的办学定位和学科专业特色决定了我们培养人才的目标就是：具有国际视野、通晓国际规则、能够积极参与国际事务和国际竞争的高素质、创新型、国际化、复合型精英人才。培养“精英人才”是由我校的地位和使命所决定的。我校作为教育部直属的“211 工程大学”，是高等教育的国家队，必须责无旁贷地承担起为实现国家战略培养人才的历史使命。为此，学校不断进行教育教学改革，实行精英人才、创新拔尖人才和通用人才“三位一体”的多元人才培养模式。按照厚基础、宽口径的原则，进一步加强人文素养和自然科学素养的基础性教育；以面向所有专业的“荣誉学士学位项目”为载体，构建全新的创新拔尖人才培养模式，推进荣誉课程建设；注重分类培养，构建具有一定弹性和可替换性的通用型人才培养模式，允许课程替换，学分替换，重在以就业为导向的应用能力培养；鼓励探索“复合型人才”，即：跨专业、复合层次更高的“专业＋外语 A＋外语 B”的培养模式。

一流的生源、一流的师资、一流的培养，造就一流的毕业生。所以，对外经济贸易大学毕业生素质非常好，就业率很高！就业质量满意度也在提升。就业薪水综合实力排名也名列前茅，据网络调查显示，我校本科毕业生就业薪水在高校毕业生中排名居全国前列。对外经济贸易大学还是一所国际化程度非常高的大学。建校六十年来，我们先后接待美国前总统尼克松、委内瑞拉总统查韦斯、阿根廷共和国总统克里斯蒂娜等来校访问并演讲。我校与美、英、法等 40 多个国家和地区的 100 多所著名大学和研究机构建立合作交流关系，每年派出大约400人次学生，约占本科生学生人数的5%到国外著名大学进行中短期学习交流。外国留学生数量也是国际化一个重要衡量指标。从相对数量来说，目前我校在校外国留学生数量排名全国第4，在校攻读学位的外国学历留学生数量排名全国第3，相对数全国第一。中外学生比近5∶1。

我校还是致力于建设绿色大学，节能减排的低碳校园典范。经过不懈的努力，现在的贸大惠园规划整齐，温馨典雅，闹中取静，舒适宜学，已经展现在你们的面前。我相信，在这样舒适的环境里，你们一定会生活愉快、学有所成。

亲爱的同学们，今天，你们应该为自己考入贸大倍感自豪！你们以自己的努力成功证明了你们的人生价值，但成功已经过去，你们又进入了你们人生的新的起点。你们要珍惜今天的一切，因为今天的成功是你们用汗水、拼搏、奋进换回的胜利。你们更要珍惜明天，因为从今天开始，明天你们将在同一个学习、发展平台上继续竞争！既然无悔地选择了贸大，就要努力把自己锤炼成一个大写的人，一个有益于社会的精英人才，成为具有"博学、诚信、求索、笃行"贸大精神的贸大人。

同学们，"雄关漫道真如铁，而今迈步从头越"。新的起点，新的征程，新的奋斗目标使我们有了创造的激情，有了更高的使命感、责任感。你们不仅要自我成长，而且要帮助别人；你们不仅要自我奋斗，而且要服务社会；你们不仅要规划自己幸福人生，而且要思考如何报效祖国、履行社会责任！要成为这样的一个社会精英，你们从今天开始就要更加严格地要求自己，要珍惜自己从今往后这1,400多天的每分每秒，要充分利用学校为你们提供的条件，在科学和文化的海洋中汲取你们成才所需要的一切养分，充实自己，提高自己，壮大自己，把自己塑造成一个国家和社会需要的、有用的栋梁之才、精英人才，展示UIBE学子的风采！

今日你们以贸大为荣，明日贸大以你们为荣。希望所有2011级新生在UIBE德、智、体、美全面发展，健康、快乐，成长、成才！

最后，再一次对所有新生表示祝贺和欢迎！

谢谢大家！

中国政法大学黄进校长：

珍惜广大前辈们留下的精神馈赠

黄进，生于1958年12月，祖籍荆州松滋。中国法学会副会长，法学教授。历任武汉大学国际法研究所副所长、所长、法学院副院长、校长助理、校长助理兼教务部部长、副校长。2009年到中国政法大学任职。主持和参加中外科研项目30多项，出版专著、主编或参编的著作50余部，在《中国社会科学》、《法学研究》、荷兰《海牙国际法年刊》、美国《杜克国际法与比较法杂志》等中外刊物上发表中英文论文、译作170多篇。学术成果曾获国家教委普通高等学校优秀教学成果国家级一等奖（合作）、司法部全国法学教材与科研成果一等奖，教育部普通高等学校第二、三届人文社会科学研究成果法学二等奖等多项奖项。个人曾获首届中国十大“杰出青年法学家”称号、宝钢教育奖优秀教师特等奖、国家教育部“高等学校优秀青年教师奖”等，2004年入选首批“新世纪百千万人才工程国家级人选”。

亲爱的各位新同学、各位老师：

大家上午好！

今天，是中国政法大学令人振奋的日子，军都山下的法大校园到处秋色宜人、喜气洋洋。我们在这里隆重集会，举行法大2011级本科新生开学典礼，正式迎接来自五湖四海的新同学！

同学们，开学典礼是一所学校薪火相传的标志。正是由于你们这样一批天资聪颖、富有激情与活力的青年学子的加入，法大人群体、法大共同体、法大大家庭更加壮大了，而法大的精神、传统和文化也因为你们的到来而得以延续升华，历久弥新。在此，我代表学校，向全体新同学表示最热烈的欢迎，欢迎大家成为法大大家庭的一员！也期待你们在这里能够愉快生活、健康成长，实现希望、实现梦想！

事实上，同学们入学已过月半，通过入学教育、军训以及各种渠道，相信大家对法大已有了初步的认识。我想，一所高水平、有特色的大学的存在与发展，一定有其与众不同之处。

法大与众不同之处，首先在于她的办学使命。法大自诞生之日起，就承担着以卓越的人才培养和学术推进国家法治昌明、政治民主、经济发展、文化繁荣与社会和谐的使命，尤其是以推进国家的法治建设为己任。这种使命抉择，深深嵌入法大的历史命脉，使法大的成长始终与“法治中国”的发展休戚与共。59年来，“经国纬政、法治天下”的气度凝聚于此，“经世济民，福泽万邦”的情怀倾注于此，“公平至上，正义优先”的价值观展现于此，“可夺法大名，不泯法大志”、“只向真理低头”的骨气养成于此，“凡我在处，便是法大”的身份文化认同建构于此。至今，这种以法治为理想、信仰和目标的使命特质，已经成为鲜明的“法大标识”。

法大与众不同之处，还在于她的精神。最近十来年，法大被媒体誉为国内发展最快的六所大学之一，在全国大学的总体排名中也不断攀升，成为享誉中国的一流大学。但如果仅仅看到大学排位的“名”，恐怕很难理解法大59年筚路蓝缕的变化之“实”。我们要看到，法大的跨越式发展，不仅在于强劲的“法大实力”，而且在于奋发的“法大精神”，它们包括“以人为本，尊重人权”的人文精神，“实事求是，求真务实”的科学精神，“自强不息，追求卓越”的学术精神，“艰苦奋斗，坚忍不拔”的奋斗精神，以及“和睦相处、和衷共济、和而不同、和谐发展”的团队精神。正是法大精神，感染、鼓舞、激励和召唤着一代又一代法大人将个体追寻汇聚成共同坚守，众志成城以振之，矢志不渝以兴之，推动法大一步一个脚印，坚定而从容地向着建设开放式、国际化、多科性、创新型的世界知名法科强校的办学目标迈进。

同学们，随着在这里你们大学生活的开始，你们将会以自己的方式去认识、感受和解读法大。但我以为，只有从法大使命的认识开始，从法大精神的感受开始，你们才能真正理解在法大跌宕前行的艰苦历程中，那种荡气回肠、惊心动魄的“法大力量”。因此，大家要以高度的责任感和使命感，珍惜前辈们留下的精神馈赠，并努力使之发扬光大。

同学们，从进入法大那天起，你们将面临生命中一个全新的开始，无论你们过去如何，你们现在都站在了同一起跑线上。大学无疑是你们人生中最重要的阶段。在这里，你们将追求真理、探索新知，挖掘潜力、开拓创新，陶冶情操、磨练意志，砥砺成长、完善自我，为成就属于你们自己、属于法大、属于这个民族和时代的梦想与辉煌打下坚实的基础。在这里，我想将《老子》第六十四章中的一句话送给大家：那就是“合抱之木，生于毫末；九层之台，起于垒土；千里之行，始于足下。”我想这句话的含义大家都明白，讲的道理就是做事要从头做起，从第一步开始，逐步进行。

所以，同学们上大学面临的首要问题就是，如何开始，如何走好大学人生的“第一步”，如何在大学里有更多更好的收获。在这里，我向大家提几点建议和希望，与大家共勉。

首先我希望，我们要秉持“志高远者胜大任，一分辛劳一分才”的信条，成为志存高远、脚踏实地的法大人。宋代大思想家朱熹曾讲：“百学须先立志。”讲的就是为学之道，始于立志。同学们一定要认清自己肩负的历史重任，树立正确的世界观、人生观和价值观，树立全心全意为人民服务的理念，树立为国家的繁荣昌盛、为中华民族的伟大复兴、为全人类的文明进步而努力奋斗的远大理想。我想这不是给大家讲抽象的大道理，而是真诚希望大家切实能把远大的志向和抱负化作前进的动力和方向。同时，同学们也要脚踏实地，从自我做起，从现在做起，从一点一滴小事做起，在新的学习阶段明确自己的努力方向，学好专业知识，掌握实践本领，增强创新能力，一步一个脚印，以优异成绩和过硬本领去实现自己的人生理想。

其次我希望，我们能够“善养吾浩然正气”，成为具有人格之美的法大人。一个人要有所成就，能对社会有所贡献，一定要有高尚的道德品质和人格修养。同学们要有“先天下之忧而忧，后天下之乐而乐”的宽广胸怀，要有“富贵不能淫，贫贱不能移，威武不能屈”的奇伟风骨，要有“直而温，宽而栗，刚而无虐，简而无傲”的幽雅气度，要有“静以修身，俭以养德，非淡泊无以明志，非宁静无以致远”的明净心境。大学是品格培养的熔炉，希望大家在这里能够真正实现自身的品格塑造和精神升华，成为德才兼备的优秀人才。

我同时希望，我们能够保持“慎终如始，终始如一”的奋斗状态，成为知识全面、基础扎实且实践创新能力强的法大人。我听说，大学的英文单词“university”，被人戏读为“由你玩四年”。同学们，如果你也有来法大玩四年的想法，那就大错特错了。的确，大学的教学方式、学习方法、日常生活等与中学有很大的不同,在大学更加强调学生在老师指导下的自主、自觉、自律和自学。同学们要尽快适应不同于高中学习生活或者不同于其他大学的法大学习生活,迅速转变角色、适应角色,设计自我,完善自我,发展自我,千万不要放任自己。大家知道,学无止境、学海无涯;“宝剑锋从磨砺出,梅花香自苦寒来”;只有一分耕耘,才有一分收获;没有日积月累,哪来厚积薄发?大家一定要永远保持乐观向上、积极进取的状态,安排好自己的大学生活,不断提升自身的品格、知识、能力、素质和智慧。

我还希望,我们能够“常怀博爱之心,多行友善之事”,成为尊重他人、谦逊有礼、心态平和、淡定从容的法大人。同学们来自五湖四海,有不同的文化习性,也有自己的特点和优点,大家相处在一起,唯有以诚待人,以信交人,以宽容人,以仁惠人,相互尊重,相互学习,取长补短,才能在法大和谐共生。当然,在法大学习和生活中,大家肯定会遇到一些磕磕碰碰,这是难免的,也是正常的。这就需要大家常怀平常之心、感恩之心、责任之心,以包容、宽容、兼容的心态去面对误解和委屈,在别人需要帮助的时候伸出真诚援助之手。同学们,诚信与合作是社会和谐的基础,我希望大家能够发扬团队精神,真诚团结、协作、互助,共同进步,在这里收获你们最美好的未来。

同学们,进入大学对你们来说是一个新的起点,新的开始,我想,我们每个同学心里现在都有“开始”一词。心里有了这个“开始”,我们就有了自我约束和自我要求:会记住“千里之行,始于足下”,良好的开端是成功的一半;今后,我们无论走到什么地方,我们无论在干什么,我们都要脚踏实地,迈好每一步,一步一个脚印。我衷心希望,在人生的新起点上,你们能够确立更高远的努力方向和人生目标,迈出坚实而有力的第一步!

今后四年,我们将随法大前行,我们将相伴而行,对于你们在法大学业有成、健康成长,对于你们今后成为家庭、民族、国家、人类的栋梁之材,我充满信心,更充满期待!美好的未来属于你们!美好的未来一定属于你们!

谢谢大家!

北京语言大学崔希亮校长：

要有担当 良知 智慧 恩义 是非

崔希亮，1960 年 2 月生，吉林省人。北京大学中文系学士、硕士、博士；加拿大麦克马斯特大学荣誉博士；北京语言大学教授，博士生导师；享受国务院政府特殊津贴专家。1983 年参加工作，曾任北京语言大学语言文学系副主任、对外汉语研究中心副主任、汉语水平考试中心主任、校长助理、副校长等职。2005 年 6 月任北京语言大学校长。在《世界汉语教学》、《中国语文》、《语言教学与研究》、《中国语言学报》、《语言文字应用》等期刊上发表有关汉语语法、汉语教学、留学生教育、国际汉语推广等学术论文 50 多篇。出版著作《汉语熟语与中国人文世界》、《语言理解与认知》、《汉语教学——海内外的互动与互补》、《北京语言大学汉语语言学文萃——语法卷》、《语言学概论》等十余部。

各位老师、各位家长、同学们：

大家好！

今天，我们在这里隆重举行2011级新同学开学典礼。首先，我代表北京语言大学全体师生，向来自祖国各地的1,049名本科生(其中内地学生1,035人，港澳台学生14人)、621名研究生(其中内地硕士生565人，博士生50人，港澳台学生6人)新同学表示热烈欢迎！祝贺你们通过自己的不懈努力，终于实现了人生的重大飞跃！感谢你们对北京语言大学的信任，在众多高校中选择报考北语！欢迎你们成为北语这所独具魅力的国际型大学中的一员！

在座的同学中，有些研究生同学本科时就在北语学习，但更多的同学是初次来到北语。因此，我想先在这里简要介绍一下北语。

北京语言大学是一所特色鲜明的大学。她创办于1962年，是由周恩来总理亲自关心、批示组建的，当时主要任务是对来华留学生进行汉语、中华文化教育。1974年9月，毛泽东主席亲笔为“北京语言学院”题写校名。经过49年的发展，北京语言大学已经成为以语言教学与研究为特色和优势、中外融合、文理融合的国际型大学，从本科教育到硕士、博士研究生教育，学科层次完备，学科门类涵盖文学、经济学、历史学、法学、工学、教育学和管理学等七大门类。建校49年来，学校总共培养了12万余名外国留学生和3万余名中国本科生和研究生，据不完全统计，其中有两位已经成为国家元首，有17位驻华大使、70多位公使参赞等高级外交官，更有数百位在驻华外交机构和商务机构担任重要工作，还有10余位享誉全球的汉学家。学校的教育教学质量得到国内外普遍好评，已成为我国中外语言、文化研究的重要学术基地和培养涉外高级人才的摇篮。

2007年，教育部组织本科教学工作水平评估，我校被评为优秀等级；2009年，中央教育科学研究所高等教育研究中心发布75所教育部直属高校《绩效评价报告》，我校位居第七名；2010年、2011年连续两年进入中国人民大学高等教育研究中心发布的“中国大学50强”排行榜。这些都充分显示了学校在学科建设、人才培养和社会服务中所取得的成绩得到了国家和

社会的认可。当然,我们也清醒地认识到我们还是一所发展中的大学,教学、科研和生活条件还比较艰苦。我们正在通过自己的努力改变这一切。

北语素有“小联合国”的美称,大家进入学校的时候就已经感受到了这种国际化的校园氛围。每年都有来自100多个国家和地区的1万余名留学生,来自祖国各地的5,000余名中国学生在这里学习。在这里,五洲学子同堂砥砺、多元文化相互激荡,世界各地的文化在这里汇聚交融。基于这种国际化校园环境的优势,我们的目标就是建设国际型高水平大学,培养国际化复合型人才。

今天,大家来到这个国际化的校园里,对于每个同学来说,这都是一个新的开始,相信大家都会对未来充满憧憬,正规划着将如何在北语度过今后几年宝贵时光。作为校长,有几点希望与大家分享:

第一,要有理想

大学是孕育梦想的地方,天底下还有什么地方比大学校园更适合孕育梦想呢?俄罗斯作家托尔斯泰曾说:理想是指路明灯。没有理想就没有坚定的方向;没有方向就没有期待,而没有期待的生活将会变得死气沉沉。诸葛亮说“志当存高远”,志存高远绝不是好高骛远,再美丽的梦想如果不

付诸现实都只能是海市蜃楼。我们必须为实现梦想付出努力,我们要脚踏实地、潜心向学。同学们,大学之前的十二年寒窗虽然辛苦,但四载大学更须拼搏。希望同学们能尽快适应大学的学习规律,勤奋钻研,把自己培养成对社会、对国家有用之人,为实现自己的理想打下坚实的基础。

第二,要有担当

中国的知识分子向来以天下兴亡为己任,我们作为当代大学生,要时刻具备一种担当意识,要以国家昌盛、民族复兴和人民幸福为己任,有担当就是要有社会责任感和历史使命感。

如何面对挫折和失败可以看出一个人的见识、胆识和肚量。俗话说"宰相肚里能撑船",是说要做宰相必须能容人。宽容是一种美德。有担当就是要有气度。

当今世界充满机遇和挑战,面对挑战不畏惧、不退缩、不气馁、不放弃、不抛弃是成功者的重要品格。有担当就是要有勇气。

第三,要有良知

良知是人之所以为人的重要标志。当然,有的时候狗比人更有情意(今天早上读到一个故事:一条叫做"辛巴"的流浪狗被人收养,主人车祸后生活不能自理，辛巴为主人捕鱼，十分感人。而在我们的社会里，一位 88 岁的老人跌倒却没有人敢于伸出援手，人的良知何在?！“彭宇案”所带来的负面作用不可小觑。)今年的新同学全部都是“90 后”，每个同学的家庭、经历和学习都不相同，现在要在同一所学校、同一个班级、同一个宿舍集体生活，需要和谐相处。同学之间应相互尊重，彼此帮助，善于调整心态，微笑面对困难。同学之间要少一份攀比，多一些帮扶；少一份偏见，多一些理解；少一份纠纷，多一些宽容，以仁爱之心关爱他人。出现利益冲突时，要想着退一步海阔天空，让三分心平气和。我们应该特别关心和帮助那些学习或生活有困难的同学。这些同学可能暂时在经济、学业或生活上是弱者，但他们都是校园大家庭中平等的成员，他们同样具有不可估量的未来。

第四，要有智慧

大家在过去的学习中已经积累了大量的知识，并且还将会在今后的学习中继续积累各种知识，有知识是一个人今后发展的源泉和动力。在学习了各类知识后，需要有自己的见识，能够提出自己的想法，去解决实际问题。在这个过程中，胆识是一个必不可少的条件，它将帮助我们去实现自己的想法。但是最重要的是要做个有智慧的人。怎么才能做个有智慧的人呢？孔子说“学而不思则罔”，所以学习加上思考才能有智慧，学而能思则聪，多思、巧思则能生智慧。

第五，要有恩义

在大家十几年的求学路上，留下的不仅仅是自己的汗水和脚印，还有父母、师长的一路陪伴与辛勤奉献。对自己的父母要知恩图报，尊敬他们，孝顺并且爱他们。世界上最无私的爱来自父母。你们离开了家，空巢家庭的父母需要很长的时间调整自己，“儿行千里母担忧”，多给他们写信、打电话。对于曾经传授你们知识的老师们要时刻惦记在心，他们一直在默默地关心着你们的成长。

第六，要有是非

“是非审之于己，毁誉听之于人，得失安之于数”。社会是很复杂的，各种观念、各种思潮、各种理论、各种想法纷至沓来，如何判断取舍，是我们人生道路上必须面对的选择。要有是非观念，不盲从，不随波逐流，这就需要有见识、有胸怀、有智慧。只有这样我们才会淡定，不惶恐、不彷徨、不被蛊惑、不媚流俗、不小家子气。大学要培养我们的独立精神、批判思维和创新意识。

同学们，今天你们来到北语，我希望同学们珍惜人生中最为珍贵的青春年华，用智慧和勤奋去书写你们美丽精彩的大学生活！

祝福你们！

北京林业大学宋维明校长：

做巴山的青松

宋维明，1957年12月出生于河北省沧州市，1982年毕业于北京林学院（现北京林业大学）林业经济专业，1993年在韩国首尔大学获工商管理硕士学位，1998年在北京林业大学获管理学博士学位。2010年起任北京林业大学校长，研究生院院长。长期从事产业经济、林产品市场与贸易等方面的教学和研究，先后发表学术论文60余篇；主编教材和出版论著10余本。科研论文曾获得中国林业经济学会一等奖、北京市高校经济学教学研究会二、三等奖；教材获得中国林学会优秀教材二等奖。教育教学研究曾获得国家教学成果二等奖，北京市教学成果一、二等奖；是国务院政府特殊津贴获得者，被评为北京市教学名师。曾获“北京市教书育人先进工作者”、“北京市爱国立功标兵”称号和“教育部宝钢优秀教师奖”。

各位老师、各位家长、同学们：

大家上午好！

今天，有来自全国各地4,760名新同学汇聚北京林业大学，成为北林的新主人。首先，请允许我代表全校师生员工，对各位新同学的到来表示热烈的欢迎！对为同学们成长付出辛勤汗水的家长和老师们表示衷心的感谢，并感谢你们多年来对北林的支持和信任。

初来林家大院，走在大理石铺砌的宽阔的林间大道上，绿色景色和清新的空气一定会对你有一种新鲜的感染；恬静雅致的校园布局、郁郁葱葱的银杏大道、墙边爬满地锦的宿舍公寓，伴随着随处可见的参天大树，以及由此构成的一幅美妙的校园风景画，也一定会让你流连忘返。在这如画的风景中，还有一道更加美丽的风景线，那就是我们的北林人。北林人不仅热爱祖国壮阔的大好河山，也关注几片小小落叶和几粒小小的尘沙，北林人平平淡淡地对待名利，却轰轰烈烈地投入事业；北林人仁爱谦和、心系国家，也勤奋刻苦、睿智豁达；北林人用无悔的青春和汗水，把精彩论文写在祖国的大地上，也为国家生态建设贡献了最重要的人才和科技支撑。

今天，你们在这里开始你们人生新的征途，也将成为北林人的一员，在为你们喝彩的同时，作为校长，也是一名老北林人，我也给你们提几点要求和希望。

首先，做一名合格的北林人，要用胸怀远大的理想，投身国家需要的建设事业。

不久前，温家宝总理曾谈到，青年人一定要树立为建设富强、民主、文明、和谐的现代化国家而奋斗的理想；树立为实现世界繁荣和进步而奋斗的理想。你们的未来与国家的命运紧密相连，国家的发展为你们的前途提供用武之地，你们的发展寄托着国家的希望。实现理想，只有积极地投入国家需要的建设事业。林业是国家的绿色事业，也是你们实现理想的广阔天地。我们的学校发源于林业事业也发展于林业事业，这个事业是人类光荣的事业。从事这样事业的人要有坚实的科学技术知识的储备，还要有坚忍不拔的意志，耐得住艰苦并拥有大爱无疆的精神。在过去的岁月里，一代又一代北林人用无私无悔的青春留下并不断践行着“要让中国黄河流碧水，赤地变青山”的铮铮誓言，用绿色装点着祖国的河山。作为新一代北林人，你们应当为成为这一壮丽事业的建设者而自豪！在这里，我将新中国第一任林业部长梁希先生的一首诗送给大家：“一树青松一少年，葱葱五木碧连天。和烟织就森林字，写在巴山山那边。”希望大家争做巴山的青松。

第二，做一名合格的北林人，要用脚踏实地的作风，践行顶天立地的学问。

《荀子》中有这样的话：“道虽迩，不行不至，事虽小，不为不成。”它告诉我们，任何事情的成功都需要脚踏实地的不懈努力工作。建校之初的北林人，是在国家百废待兴的背景下开展教学、科研和学习的。面对师资严重不足、教学设备短缺、生活条件艰苦、办学经费紧张的局面，前辈们殚精竭虑、一丝不苟地构建着北林大的人才培养、科学研究的坚实基础。在这个基础上，后来的北林人辛勤耕耘，不断为学校建设添砖加瓦，逐渐建设起今天北林恢宏的林业高等教育大厦。今天，你们成为北林人中的新生力量，要勤奋求知，严谨笃学，要面向国家战略需求与科学技术前沿，要面向国民经济建设和社会发展的主战场，立志做出超越前辈的学问，将你们的智慧和才华与科学知识相结合，敢向未来挑战，敢向未知挑战，争做一流的贡献，更应该成为第一流的人才。

第三,做一名合格的北林人,要用修德砺能的磨练,铸就灿烂华美的人生。

在大学阶段的学习,并不只是知识的积累和思维方式的演习,更重要的是个人德行的修炼。成大事者先修德,做事先做人。德行的修养需要高度的自觉性。胸怀坦荡,诚信待人,认真执着,对社会对他人有强烈的责任心,都是成才需要的德行基础。在追求高尚的思想品德境界的同时,努力丰富自己的只是基础和实践能力。

刚刚过去的暑假,很多同学都观看了在深圳举办的第 26 届世界大学生运动会。赛场内外青春活泼、自强不息的身影让我们倍感激动,这其中代表中国队参加女子 4×100 米接力比赛的张婵就是北林的学生,是你们的师姐。在顺利完成大学学业的同时,能够在竞技体育的比赛中取得优异的成绩,无疑是优秀的个人品质和能力的充分体现。

因此,希望你们能够认识成才的德行与能力的要求,端正思想,摆正心态,刻苦好学,不断创造,在磨砺中求真,在探索中改变,用努力和坚持去完成人生的进步和收获,用拼搏和奋进实现宏伟的奋斗目标。

同学们！一代又一代的北林人用行动丰富着北林的内涵，希望同学们能够尽快融入到北林大家庭中来，志存高远，奋发成才，在创造精彩人生的广阔舞台上，与全体北林人一起携手并进，为伟大祖国的美好明天而努力奋斗！

衷心地祝愿同学们在北京林业大学学习和生活期间，有收获有进步，祝愿大家在这里铸就人生最灿烂的辉煌！

谢谢大家。

首都师范大学刘新成校长：

志存高远者必将有所作为

刘新成，1952年3月出生，历史学博士，教授，博士生导师。北京市人大常委会副主任、全国人大常委、中国民主促进会会员、民进北京市委主委、民进中央副主席。1978年4月至1991年7月，在北京师范学院历史学院学习并获历史学学士、硕士和博士学位；1988年9月至1989年7月在美国惠蒂尔学院、2003年11月至2004年2月在美国布法罗大学做访问学者。1992年被评为北京市青年学科带头人，1995年入选北京市跨世纪优秀人才工程，1996年获国务院特殊津贴，2005年被评为北京市拔尖创新人才，论文《都铎君主专制说质疑》1994年获北京第三届哲学社科优秀成果中青年奖，独立承担国家"八五"、"九五"两个社科规划重点项目并已结项，"八五"项目成果《英国都铎王朝议会研究》1999年获国家首届社科基金项目优秀成果奖。

老师们、同学们：

大家好！

今天我们欢聚一堂，在这里隆重举行2011级本科生开学典礼，我谨代表学校党政领导和全体师生员工，对经过艰苦努力，以优秀成绩顺利步入首都师范大学的各地学子表示衷心的祝贺和热烈的欢迎！

首都师范大学创建于1954年，是北京市政府于建国初期创建的第一所高等院校，也是北京市唯一一所包括文、理、工、管、法、教育、外语、艺术等专业的市属综合性大学，是北京市重点投入建设，进入“211工程”的北京市属重点大学。建校57年来，学校综合实力、核心竞争力和社会贡献力不断增强，特别是在“十一五”期间，在“解放思想，改革创新，奋发有为，追求特色”办学理念的引领下，学校取得了一系列高水平的标志性成果，实现了教学、科研、人才建设等方面17项历史性新突破，进入历史上发展最好、最快时期之一。学校目前拥有一批在国内外有一定影响的专家、学者，在校工作的中国科学院、工程院院士5人，俄罗斯工程院院士1人。现有国家重点学科4个，国家重点培育学科1个，拥有一级学科博士学位授权点17个，一级学科硕士学位授权点26个，二级学科博士点近百个，一级学科博士学

位授权点数量位于全国大学前60名。在2011年最新“网大”排名中,学校位列全国高校第64位,与南京师范大学并列地方师范大学之首。

作为2011级本科新生,你们是学校进入“十二五”时期迎来的第一批学生,正赶上了学校快速发展的黄金时期。与此同时,你们还是良乡校区迎来的第二届学生,去年学校以入驻良乡新校区为契机,按照“扩展校区与实施人才培养模式改革相结合”的原则,全面实施“文理两大类宽口径培养的通识教育课程体系”,实行学科知识交叉,促进本科生知识学习与素质教育的结合、知识系统性与应用能力培养的结合、专业教育与非专业教育的结合,加强并提高学生的人文素养与科学精神。

为配合通识教育的开展,拓宽在校大学生的知识面,满足同学们多样化、个性化的发展需求,良乡校区还陆续举办了校长论坛、院长论坛、师长论坛、名师论坛等一系列精彩的讲座,围绕“外语教育”、“体育”和“美育”开展了丰富多彩的学生活动,深受广大同学们的欢迎。可以说,经过一年的努力与实践,通识教育取得了初步成效,良乡校区也成为学校深化教育改革、全面提升教育质量的重要阵地。

在你们即将开始大学四年生活之际,我想提几点希望与你们共勉:

一是希望你们将实现个人理想与担当社会责任统一起来。

“人无志而不立”,一个人的理想决定了其人生的高度,志存高远者必将有所作为。希望你们珍惜青春年华,摒弃浮躁,潜心治学,打好扎实的理论基础。同时要牢固树立正确的世界观、人生观、价值观,主动承担起为国家分忧、为人民解难的社会责任,用实际行动将所学知识转化为服务国家、服务人民的贡献力,在勇于担当中坚实追求理想的脚步,实现个人的人生价值。

二是希望你们将勇于创新与大胆实践统一起来。

著名的“钱学森之问”引发了关于创造性思维和创新能力培养的争论,已经颁布的《国家中长期教育改革和发展规划纲要》也对创新型人才培养提出了明确目标。可以说,“创新”体现了一个国家和民族的核心竞争力,是国家和民族长远发展的不竭动力。希望同学们尽快适应新环境,勤于学

习，善于思考，敢于质疑，勇于创新，在完善知识结构、钻研理论内涵的基础上，自觉培养批判精神，提高创新能力。千里之行始于足下，希望你们学以致用，积极参加各类社会实践，积累经验、开阔眼界。

三是希望你们将全面成长成才与个性化发展统一起来。

"杰出的人才是全面发展的人，集科学、文学、艺术、哲学于一身"。大学生活宽松自由而又丰富多元，希望同学们充分利用各种学习资源，获取知识技能；踊跃参加文化活动，陶冶情操；积极投身社会实践，锤炼意志。在德才兼备、全面发展的基础上，还要不断挖掘自身特点，突出个性，培养专长，真正做到文理交融、内外兼修。

同学们，在首都师大四年的大学时光里，希望你们学会做人、学会思考、学会创新、学会合作与分享，我相信，你们一定会用青春与汗水、知识与毅力，谱写一曲大学生活的美好华章！

最后，衷心祝愿同学们学业有成、身体健康、生活愉快。

谢谢大家！

北京中医药大学高思华校长：

求学问道　济世救人

高思华，医学博士，教授，主任医师，博士生导师。国家973计划中医药专项首席科学家。受聘担任全国临床医学（中医学）、中药学专业学位研究生教育指导委员会副主任委员，教育部医学教育认证专家委员会委员，国家中医药管理局重点学科建设专家委员会副主任委员，国家食品药品监督管理局保健食品安全委员会主任委员、香港浸会大学荣誉教授等职。先后留学日本和英国。多年来一直致力于中医基础理论的教学与研究以及糖尿病的中医内科临床研究工作。对中医理论体系尤其是气化学说、阴阳五行学说的研究有独到见解，对糖尿病的内科临床治疗研究有独到之处。擅长中西医结合治疗糖尿病、脾胃病、内分泌失调、月经病等内科、妇科疑难病症。

尊敬的各位老师、各位来宾，亲爱的同学们：

大家早上好！

在金秋送爽的美好时节，我们怀着喜悦的心情在这里举行北京中医药大学2011年开学典礼。首先，请允许我代表大学和全体师生员工，向新同学的到来表示热烈的欢迎！

今天，来参加典礼的，有研究生、本科生、高职生，有来自海外的留学生，也有来自台港澳的同胞。尽管同学们来自不同的国家、不同的地区，但大家都是为了一个共同的目标相聚在北京中医药大学的。并且从今天起，你们将会步入一段崭新的人生旅程，完成人生中最重要的一个转变。也是从今天起，你们被赋予“北中医人”这样一个伴随你的终生而永不磨灭的称号。在此，我也为大家成了光荣的北中医人而表示衷心的祝贺！

在此之前，你们可能对北中医无限憧憬，因为我相信在你们报考之前一定会通过网络和招生简章了解到北中医是新中国最早成立的高等中医院校之一，是唯一进入国家“211工程”建设的中医药院校，是全国中医药院

校中最早建立博士学科点和博士后流动站的单位,也是全国中医药院校中接收外国留学生最早、教育规模最大的学校,是在教学、科研、医疗各方面均成就辉煌,深为众多中医药学者和学生所景仰、所向往的极具魅力的国际知名的中医药大学, 但是报到之后一定会有部分同学很是失望,因为北中医既没有你们想象中辽阔的校园,也没有你们想象中的高楼大厦,学校设施也没有你们憧憬的那么完备,甚至饭菜也远不如家中的那么美味……但是,我更相信,一旦你们进入了状态,一旦你们了解了中医,了解了北中医这所学校,你们一定会为你们的选择而庆幸无比,因为中医药学是医学科学和优秀传统文化交融的结晶,是卓立于世界医学之林的一颗璀璨明珠。随着人民群众对维护健康和促进健康的日益重视,中医药学比以往任何时候都得到各界人士的广泛关注,中医药学的继承与发展面临光明的前景;虽然我们的校园暂时还不大,但这里却不乏良好的学习氛围,虽然我们的学校暂时没有高楼大厦,但却不乏风采卓越的大师,不乏技能高超的名医;更值得期待的是: 我们的新校区马上就要开建,几年后等待大家的一定是一个有着鲜明中医特色和浓厚传统文化底蕴,更彰显着现代科学气息的美丽、可爱的家园!

作为即将展开人生新旅程的最年轻的一代北中医人,从今天开始,你们将要在北中医这个大家庭里,求学问道,修身明礼,实现你们济世救人的远大抱负。此时此刻,我想对新同学们提出几点要求与大家共勉。

第一是要摆正位置。能考入北中医的,都是当地学子中的佼佼者,尤其是考入我们的岐黄国医班的同学更是有不少都超过了清华、北大、人大等名校的录取分数线;更有许多考分很高的同学被录取到了非医学类的专业,我想告诉大家的是,选择博大精深的中医药学,说明了你们的睿智和眼光,考进北中医,说明了你们的才智和实力,同时我要提醒大家的是,入了中医药大学的门并不等于入了中医的门,真正学好中医并非易事。希望你们不骄傲,不气馁,要明白大家都是优中选优而来到北中医的,在当地是佼佼者,来到北中医你只是众多佼佼者中的一份子,稍有松懈,就会被落到后面。我们每年都会有部分毕业的同学因为不努力而得不到学位,甚至找不

到工作，希望大家能引以为戒。

第二要学会学习。所谓“学会学习”就是要有明确的目标，适宜的方法和不懈的努力。大学拥有相对自由、宽松和开放的学习氛围，在大学的学习应该是“专博结合”，在学习专业知识的同时，博览群书完成自己多方位的知识积累。而在此过程中，明确的目标至关重要。你们是最少保守思想、最易接受新生事物的群体，希望大家不要做被动的知识接收者，而要主动学习，与教师互动，共同作为知识的探究者；希望大家既谦虚谨慎又敢为人先，以开放的观念、海纳百川的宽容态度和领新立异的创新精神，追求学术自由，共同营造百花齐放的学术氛围和科学民主的大学制度。

第三是要学会相处。在大学的生活是步入社会前的重要准备阶段。我们中很多同学可能是第一次离开家乡、离开父母家人、离开周围熟悉的环境和熟悉的朋友。现在，周围的一切可能还很陌生，现在，你们也许在内心充满憧憬的同时也伴随着心中的忐忑。这是每个新生必经的阶段，希望同学们能够在这个过程中学会与周围的一切相处，以“己所不欲勿施于人”、“尊重他人就是尊重自己”和“关爱别人就是关爱自己”的处世准则去对待你周围的人和事，学会与你作息时间略有不同的舍友相处，要学会与来自不同地区甚至不同国度的拥有不同生活习惯的同学相处，共同营造我们良好的校园环境。

第四是要学会生活。在大学的生活是丰富多彩的，各类社团都在等待你的加入去展现风采，各种校园活动都在期待你的到来，期待着你们去释放朝气，各类社会实践都在召唤你的参与和奉献。希望你们合理地安排自己的大学生活，在努力学习的同时也学会各种生活技能，在关注专业的同时以主人翁的责任感去关注社会，去装饰属于你的天空，演绎属于你的精彩，并在此过程中享受属于自己的精彩生活。

亲爱的同学们，地球在不停地旋转，时光如白驹过隙，现实社会不会留给大家太多的踌躇、挥霍和彷徨的时间，我希望同学们从今天起，为自己的未来做好谋划，为自己的大学时光做好规划，为自己的学习做好计划。早日学有所成，用自己的青春和热血去谱写你们动人的生命乐章！

最后，祝同学们在北中医学习生活顺利、愉快，度过难忘的、有意义的大学时光！

谢谢大家！

中央美院潘公凯院长：

为艺术的人生时刻准备着

潘公凯，教授、博士生导师，中国美术家协会副主席。他的大型装置作品《融》入选2011年意大利威尼斯双年展。自七十年代至今，潘公凯从事了大跨度的美术理论研究，主要包括中国绘画传统研究、西方现当代美术理论研究、中国近现代美术史研究、中国当代美术发展策略研究等四个方面。发表论文近50篇。带领中央美术学院奥运设计团队完成了北京奥运会主设计任务，获中共中央、国务院授予"北京奥运会、残奥会先进集体"；带领中央美术学院上海世博会中国国家馆展示深化设计团队完成上海世博会中国国家馆展陈设计，获党中央、国务院授予"2010上海世博会先进集体"；个人作为中国国家馆内部展陈设计总策划与总设计，获上海世博会组委会和执委会分别颁发的"个人积极贡献奖"。

老师们、同学们：

值此秋高气爽、丹桂飘香之际，我们欢聚在这个美丽的校园，共同欢迎来自全国各地的2011级新生。首先，我谨代表中央美术学院全体师生对新同学的到来表示热烈的欢迎和诚挚的祝贺！祝贺你们顺利通过竞争激烈的考试，如愿成为中国美术的最高殿堂中的一员！在此，也向辛勤培育你们的父母和师长们表示衷心的感谢！伴随着你们的到来，我们又开始了一个崭新的、富有生机的新学年。

中央美术学院是我国历史最悠久的艺术高等学府，在93年的风雨发展历程中，这里始终是中国美术的圣地，徐悲鸿、齐白石、吴作人、李可染等大家在此悉心创作和教学，积累了丰厚的优良传统。自徐悲鸿先生开始的历任校领导，始终把培养优秀、合格的艺术人才作为中央美院的根本任务和坚定追求。今天，中央美院已发展成为拥有四大校区（花家地、燕郊、顺义、小营），六大专业分院（中国画、造型、设计、建筑、城市设计、人文），近30个专业方向，专业教师近350名，在校生5,600余名，留学生200余名的国内领先，国际一流的美术专业院校。可以说，这里是一流艺术人才汇集的圣地，是播种未来的沃土，更是展现智慧才华的殿堂。

自新中国成立之日起，中央美院更是与共和国的命运始终紧密联系在一起，始终担负着为国家造型、为民族文化振兴的历史重任——从建国之初的国徽设计、天安门城楼毛主席像绘制，到历次国庆阅兵仪式等国家重大庆典活动的美术设计，再到新世纪里的国家重大历史题材作品创作、北京奥运会和上海世博会的各种艺术设计，直至今年第五十四届威尼斯双年展中国国家馆的集体呈现……在新中国每一次扬眉吐气、复兴崛起的重大历史事件中，总会留下央美人活跃的身影。我们之所以能取得上述成绩，除了继承丰厚的历史传统，更因为近年来，我们通过不断完善人才培养体系，调整专业结构，拓宽专业门类，加强国际合作，革新教学课程体系，更新课程内容，逐渐形成了以艺术精英人才教育为主，适度发展规模，强调学术性、实验性、实践性及多学科综合发展的现代大美术教育格局。今天，央美所培养的不仅有优秀的艺术家，更有各种直接服务于现代化生产与生活的高端设计人才。

一直以来，能步入央美大门并在此学习，无疑是万千美术学子的梦想。各位新同学，你们今天正是这些学子中的幸运儿，你们是毋庸置疑的成功者。但这个“成功”代表着什么？我想绝不是简单地证明你们“打败”了竞争对手，而是意味着你们继续前行的全新起点和平台——所以，进入央美并不代表你们可以停歇休息、高枕无忧，而是应当“日三省乎己”，时刻反思自己：

第一，是否在精神上做到了纯粹和充实？精神性是一切艺术创造的价值所在，与艺术家个体密切关联。同学们身处中国美术教育重镇，理应具有成为中国美术精英的志向和胸襟。要力争一流，大家就必须使自己的精神做到纯粹而充实，要向师长学习，与友人沟通，更要广泛地阅读和思考。希望大家能沉下心来，抓住大学宁静而单纯的时光，抛开世俗的争斗与比较，真正潜心于探索与创作，力争做到“不教一日闲过”。知识是你们一生最宝贵的精神财富，不论将来你们是否从事美术事业，纯粹而充实的精神都将是美好人生的开端和基础。

第二，是否确定了自己人生的方向和目的？大学之于人的意义，既是知识的积累，也是人性的完善。你们在学习之外，还将有很多丰富多彩的经历，包括人际交往、社团活动、社会实践等等。你们有机会展现丰富多彩

的才艺，也可以在奉献服务中获得满足，还可以在社会大背景中提升自我的艺术体验。我希望同学们的大学生活是多彩多样且富于实践的，这样你们才有可能获得更多的人生体验，寻找到适合自己的兴趣与方向，为未来进入社会做好充分的准备。

第三，是否坚持磨练技艺并且保持一颗创造的心？作为一名央美人，严格扎实的艺术技能基础和活跃的创造力是同学们必须具备的基本能力，这是你们从事艺术工作的根基。我希望同学们通过在中央美院的学习，能够进一步锤炼自身的美术技能基础，最大限度地发掘和开启创造力，避免在多元而纷繁的当代文化中迷失自我。

同学们，今天你们选择从央美起航，扬起驶向人生新旅程的风帆，以上的寄语是我的期望，希望有助于照亮你们前行的方向，我想几年后，当你们满载收获向更高的目标迈进时，将无悔于今天的选择，也必定会为自己获得的成功和亲历央美的变化与发展而倍感骄傲与自豪。

最后，祝同学们身体健康、学业有成，在中央美术学院度过一段美好的时光。

北京服装学院刘元风校长：

博学力行 从今日起

刘元风，1982 年 1 月毕业于清华大学美术学院（原中央工艺美术学院）；1998 年 9 月晋升为教授；2002 年 4 月晋升为博士生导师；学术研究方向为服装艺术设计及理论研究；2002 年 9 月调入北京服装学院任副院长；现任北京服装学院院长。

主要社会职务：中国服装设计师协会副主席；教育部全国服装设计与工程教学指导委员会主任委员；中国纺织工程学会副理事长。

主要著作：出版专著《服装设计学》、《服装人体与时装画》、《服装设计教程》、《服装艺术设计》等 9 部；发表论文："服装文化与时尚交流"，"高科技时代的时装设计"等 60 余篇。

2011 级的同学们:

我代表学校,欢迎大家成为北服这个大家庭的新成员。

北京服装学院建校于 1959 年,原名北京纺织工学院,1961 年改名为北京化学纤维工学院。1987 年改扩建为现在的北京服装学院。建校以来,学校为我国化纤产业发展、解决人民穿衣用布问题,提供了人才和科技支持,做出了重要贡献。特别是近年来,学校围绕促进纺织服装业的发展,在教学、科研和社会服务方面都取得了新的成绩:我们的教师 3 次获得国家科技进步二等奖;完成了 2008 北京奥运会服装的设计、2009 年国庆 60 周年游行队伍服装的设计、2010 年广州亚运会和 2011 年深圳大运会的服装设计制作等国家重大科研项目。

经过 50 年的发展,我们的学科专业不断拓展、办学实力不断提升,形成了"以传承民族服饰文化、打造服装纺织强国为己任"的优良办学传统,以及"以服装为核心、艺工融合"的鲜明办学特色,教育教学质量显著提高,社会知名度和美誉度与日俱增。

对 2011 级的新同学,我们有更多的期待和愿望。

首先,希望同学们要始终以学习为重心。大学是我们一生中最主要

的、以学习为生活中心的阶段。大学的教育理念最大的特点，就是鼓励和要求你们广博见识，独立思考，提高能力，并利用既有知识，掌握新的知识。你们正值青春年华，美好时光，不应虚度，应该学有所得，学有所成。

其次，要保持高尚的情趣。天行健，君子以自强不息；地势坤，君子以厚德载物。大学不仅是知识的殿堂，更是文化和德行的养育所。大学教育的一个重要任务，就是培养一个现代人所该具备的全面素质。也就是说，希望同学们首先要成为有修养的人，然后才是有特长的专门职业劳动者。作为一名当代大学生，我希望你们始终保持对知识的敬畏，对道德的追随，既要具有认识和解决问题的能力，更要有宽广的胸怀，深厚的文化素养，能够从历史的高度、宏观的视角看待人生、看待世界，有社会责任感，成为一个有品位、有健康高雅趣味的人。

第三，要学会爱护自己和团结同学。大学也是同学们一个非常重要的成长阶段。惟其如此，大学生活往往也是最值得我们纪念和珍惜的一段岁月。希望同学们注重生活本身知识的学习，以适应新的生活状态和方式，逐渐学会关注自我的身心健康，学会妥善处理思想困扰，并懂得适时自我调整，做到友好、融洽地与同学、学友相处。希望你们在今后四年的朝夕相处中，真诚相待，互爱互助，共同进步。

以上三点，我将其概括为“博学力行”四个字。博学，就是希望你们充分利用大学这个平台，勤奋博学，开阔视野。力行，就是崇尚实干、务实，勇于创新，在生活、实践中增长才干。同学们，大学是以“自主学习”为鲜明特征的一个学习阶段。在通识和专业的进步上，往往有兴趣的东西才能做得最好。希望你们以进入大学为新的起点，结合自己的专业，充分调动学习的热情和兴趣，始终保持想象力、有激情，善于学习，打下坚实的学业基础。从今日起，学会规划四年大学的生活，使之有所收获，使之丰富多彩，成为人生中最值得回味的光辉岁月！

因办学需要，我校建设了北校区。同学们将在这里开启你们学习和生活的新篇章。开学典礼，表明大学生活的画卷已经展开，新的人生历程即将开始。祝愿你们身体健康、学习进步！

谢谢！

哈尔滨工业大学王树国校长：

做有责任感的时代青年

王树国，中共党员，哈尔滨工业大学机械工程系毕业，研究生学历，博士学位，教授，博士生导师。第十届、十一届全国人大代表。1987年留学法国，回国后，先后在哈尔滨工业大学任机器人研究所副所长，机电工程学院副院长、院长，哈尔滨工业大学副校长等职。1999年1月任黑龙江省科技厅党组书记、厅长，2002年3月至今任哈尔滨工业大学校长。自20世纪90年代从事机器人技术的研究工作，提出了复杂产品的建模仿真新方法。主持领导了国家高技术研究发展计划(863计划)重点项目“智能机器人仿真系统”的研究开发工作，建立了我国第一个空间智能机器人地面综合仿真实验平台。21世纪初，开创了医工学结合的新研究领域，研制成功世界第一个创伤康复仿生手，中国第一个人脑解剖电子图谱，中国第一个胸腔介入式手术机器人。

亲爱的同学们:

非常高兴在这样一个秋高气爽的季节,迎来了你们。

正像刚才我们的学生代表所讲,你们在高中阶段用你们的努力和辛勤汗水证明了你们是这个时代同龄人当中的佼佼者,你们进入哈尔滨工业大学,哈尔滨工业大学全体师生都为你们的到来而欢欣鼓舞,正是因为你们,使得这所学校对未来更加充满了希望。

哈尔滨工业大学是国家重点建设的九所高校之一,建校 90 余年来,始终把国家的责任使命集于一身,在历史的长河中,培育了百余位科学院院士、工程院院士和著名的科学家,培育了一批党和国家领导人,培育了一批共和国的将军,也在中国的航天事业乃至各条战线上,展现了哈工大人的风采。之所以能取得这些业绩,归根到底是我们这所学校把国家的发展与命运集于一身,使哈工大的学子把个人的发展与祖国的命运集于一身。正是这种宏大的理想与志愿,造就了一批又一批共和国的脊梁。

今天你们也踏入了这所学校,在未来的岁月当中,你们将会用你们的努力和汗水为母校增光添彩,但是要做到这一点,需要付出刻苦的努力和辛勤的汗水。

首先要有理想，要有志向，要有责任，要有使命感。这是每一个哈工大学子必须应该具备的品质，祖国的未来寄希望于你们，民族的未来寄希望于你们，学校尽全力为你们未来的发展和成长提供方方面面的条件，老师们会为你们倾尽所能，传授他们所掌握的知识，校园和谐的氛围，将会为你们全面素质的提高创造良好的条件，但是这一切都是外在的条件。

内因将起主要的作用，你们未来的使命将把握在你们自己的手中，没有一个宏大的理想，没有一个对祖国，对民族的使命感，不足以成为国家的脊梁，不足以成为栋梁之才，你们应该有这样的抱负，有这样的人生规划。考入大学，仅仅是你们人生当中一个新的起点，从今天开始，你们应该为自己的未来做好人生规划，而这个规划的指导点就是要为国家为民族的兴旺而奉献你的一生，这样一个志向，这样一个志愿，将会指导你走好今后的人生道路，人的一生生命只有一次，每一个人都希望自己的人生能为这个社会留下光彩，但是要做到这一点，需要我们用辛勤的汗水和努力来书写。

第二，你们应该有包容的胸怀，应该有爱心。大学是一个集体，这个社会的发展，也需要一个群体，在你们周围的生活圈子当中，同学也罢，老师也罢，你们应该为他们的付出，对自己的帮助而付诸相应的爱心，我们哈工大处在一个快速发展的社会之中，我们也应该开阔眼界，对我们社会的发展和社会的不足，采取包容之心，我们既要学习别人的长处，也应该包容别人的不足，为你们的成长营造一个良好的环境，一个不能包容别人的人，不足以成大事，一个不足以包容社会的人，不足以成为社会栋梁之才，一个人不能包容世界，他便不能成为世界的精英。我们应该有博大的胸怀，我们中华民族有这样的优良传统，我们向来是有容乃大，包容一切，这正是我们民族几千年的优秀文化所在，我希望同学们能够从我们民族的文化精髓当中吸取到有益的营养，以博大的胸怀，以一份爱心来回报周围的人，回报社会，回报国家，回报这个世界。

第三，在你们的学习过程当中，能力的提高将成为主要的任务。来到大学，主要任务是学习，学习不是刻板的学习知识，而是在学习知识的过程当中，提高自己的能力，能力的提高首先要打下坚实的基础，哈工大向来以

“规格严格，工夫到家”著称，我们的课业很重，我们的课程学习要求也很严，希望同学们在这样一个刻苦严格的学习训练过程当中不掉队，能够打下坚实的基础。我到美国访问，美国一个教授给我讲过这样一个故事，一个美国教授要接收哈工大的两名博士研究生，他没把握，便去问他身边的另外一个实验室的主任，他说：“中国哈尔滨工业大学有两个学生申请做我的博士生，你认为如何？”这个实验室的主任说：“我的实验室就有哈工大的学生，他们表现得非常优秀，你可以接收没有问题。”我到剑桥大学访问，剑桥大学负责中国事务的副校长对我说，哈工大的学生在剑桥大学表现非常优秀，希望哈工大为他们输送更多优秀的学生。

世界在关注着我们，哈工大不仅是中国的哈工大，也是世界的哈工大，我们首先为我们的祖国服务，当然我们也有责任为世界科技文化的发展做出我们应有的贡献，而这其中就包含着众多哈工大学子遍布世界各个角落，为母校，为祖国所赢得的声誉，也为你们的未来奠定了良好的基础，创造了优良的条件。

同学们,任何一份成功都需要付出辛勤的汗水和努力,你们已经用你们考入哈尔滨工业大学这样一个实例,证明了你们是成功者,但是未来的道路还是很艰辛的,希望同学们以此为基础,在未来的学业当中,展现新一代祖国脊梁的风采,展现新一代祖国希望的胸怀,展现新一代祖国未来所应该具备的能力和智慧!祖国需要你们,民族需要你们,这个社会的未来寄希望于你们!谢谢大家。

东北大学丁烈云校长：

收获一生最宝贵的财富

丁烈云，1955年12月生，2011年1月任东北大学校长。博士学位，教授、博士生导师，湖北省有突出贡献的中青年专家，享受国务院政府特殊津贴。1973年8月至1978年2月在洪湖和里中学任教。1978年3月至1982年1月，武汉工业大学工民建专业学习，1982年2月至1984年8月，在武汉工业大学建工系任助教，1984年9月至1987年6月，在武汉工学院管理工程专业硕士研究生学习，2000年3月至2002年12月，在同济大学管理科学与工程专业博士研究生学习。2000年5月至2003年6月，任华中科技大学副校长（正厅级）兼国防科技研究院院长、产业集团党委书记；2003年6月至2011年1月，任华中师范大学党委书记，2011年1月任东北大学校长。长期从事城市建设领域前沿课题的研究工作，先后主持承担了多项国家“十五”重点攻关计划、国家自然科学基金和省部级科研项目。

各位老师、同学们、来自部队的各位领导和指战员同志们：

大家上午好！

今天，对于2011级全体新同学而言，是一个崭新的开始。你们怀着探求新知的远大志向和对未来的美好憧憬来到东北大学，使这所有着悠久历史的高等学府，焕发出青春的光彩。首先，我代表学校，向成为东北大学新成员的同学们表示热烈的欢迎和衷心的祝贺！向给予我校大力支持的65559部队首长和全体承训官兵表示衷心的感谢！

同学们，当东北大学以欣喜的目光注视着你们的时候，你们肯定也对东北大学满怀好奇，对即将开始的大学生活充满期待。今天的开学典礼，正是你们了解东大的第一课。

东北大学有着灿烂悠久的历史。1923年，东北大学肩负着育才兴国、富强东北、抵御外辱的历史重任，诞生于中华民族危难之秋。1928年，爱国将领张学良将军亲任校长，捐巨资兴建校园，高薪聘请海内外知名学者，章士钊、梁漱溟、罗文干、冯祖荀、梁思成、林徽因等一批大师执教东大，名师荟萃，规模恢宏，成为我国著名学府。

东北大学具有求实创新的学风。在新中国建设进程中，东大人知行合一，脚踏实地，以推动科技发展为己任，为国家和地方经济建设做出了重要

贡献。学校主动适应国家经济社会发展需要，探索出一条产学研结合培养高科技产业的道路，创建了中国第一个大学科学园，培育了第一个软件上市公司，实现了产学研的相互支撑和良性互动，形成了鲜明的产学研相结合的办学特色。

东北大学具有自强不息的精神。在民族危亡的时刻，东大师生在东北失陷，几次迁校的苦痛中愈挫愈坚，成为“一二·九”运动抗战救亡的先锋队和主力军。在新中国成立特别是改革开放以后，东北大学抢抓机遇，蓬勃发展，成为教育部直属高校和“211工程”、“985工程”重点建设院校，承担了时代赋予的建设高水平研究型大学的历史重任。

2011年是“十二五”规划的开局之年，全校师生正凝心聚力，继承和发扬“自强不息、知行合一”的校训精神，开创东北大学建设和发展的新纪元。作为东北大学的新成员，你们将逐步融入东大的精神和文化之中，承担起文化传承创新的责任和使命。在东北大学向着高水平研究型大学的目标迈进的同时，希望你们也将成就一流人才的梦想扎根在心中，在这四年乃至更长的求学旅程中，站得更高、行得更正、走得更远。在这里，我想谈几点希望：

第一，有责任的担当才能站得更高。中国是后起的工业化国家，要在短短的几十年时间内加速实现工业化，就必然加大资源的利用规模，使资源、环境、生态和能源问题更为突出。服务经济发展方式发生转变、建设创新型国家的重任就落在了你们的肩上。希望我们的同学们，在求学的四年乃至更长的时间中，开阔视野，树立成为创新型国家建设中坚力量的人生理想，从而担负起属于东大人的社会责任。

第二，有求索的激情才能行得更正。大学是学习的黄金殿堂，学校将最优质的教育教学资源配置到人才培养中去，制定了“四位一体”创新体验计划等人才培养计划，实行本科生教育导师制，鼓励本科生进研究所，培养学生的科学研究能力和创新能力。探索新知需要大家具有创新意识和独立思考的能力，还需要不断在实践中发展新知、运用新知。请同学们珍惜时间，把握机会，既扎实、认真地学好各门课程，又积极、主动地把握好各类

实践环节,学思结合、知行统一,加强自身道德修养,丰富专业学科知识,奠定好人生长远发展的基石。

第三,珍惜团队的力量才能走得更远。东北大学有很好的体育运动传统,有出色的社团组织、学生创新和创业计划。希望同学们在今后的学习生活中,积极投身到体育锻炼中去,强健体魄、锤炼意志;参与到社团活动、科技竞赛中去,积极和导师、学友沟通交流,获得在集体中成长、在团队中学习的宝贵经验,收获一生中最珍贵、最纯真的同学情、师生谊。这将是陪伴你们一生最宝贵的财富。

同学们,青春是生命最珍贵的礼物,是人生最美好的季节。我相信,只要你们付出努力,在东北大学度过的四年,将成为你们人生中最宝贵的时光;你们的聪明才智,也必将在这四年中及今后更为漫长的岁月里,为学校增光添彩。衷心希望同学们成为我校建设高水平研究型大学新的生力军,成为未来建设创新型国家的栋梁之才!

最后,祝全体教官精神愉快,祝同学们身体健康,学业有成!

东北林业大学杨传平校长：

学参天地 德合自然

杨传平，中共党员，教授，博士生导师。中国林业教育学会副理事长，中国林学会常务理事，中国林学会林木遗传育种分会主任委员。曾经获得中国林学会梁希奖(第二届、第四届)，国家“八五”、“九五”科技攻关先进个人奖；荣获“国家级有突出贡献的中青年专家”和“全国林业优秀科技工作者”称号；荣获“第五届高等学校教学名师奖”；被国家人事部批准为“国家百千万人才工程”一、二层次人选；先后获得国家科技进步二等奖3项，省部级科技进步一等奖3项、二等奖5项、三等奖5项；发表专著、论文140余部(篇)。

尊敬的各位老师，亲爱的同学们：

上午好！

今天非常高兴，我们东北林业大学迎来了近 6,000 名攻读学士、硕士和博士学位的新生，我代表学校对你们的到来表示热烈的欢迎和衷心的祝贺！祝贺你们掀开了人生新的一页，从现在开始，你们将以饱满的热情和昂扬的斗志，共同迎接崭新的学习与生活。你们来到了东林，就是东林的学子，学校会坚守一份责任，像父母对待自己的孩子一样，去爱护你们、关心你们、教育你们、培养你们，请你们和家长放心。

自接到入学通知书的那一刻起，我想你们对东林就已经不再陌生，你们可能通过亲朋好友、老师同学、网络媒体等，对学校有了一定的了解。那些本科就读东林，现在依然选择东林攻读硕士博士学位的同学就更不用多说。东林就像是一本书，留待你们今后去慢慢品读。东林是有血有肉、有精气神、有人文情怀、有崇高追求的大学。在此，我想和你们共同回顾一下东林历史，共同分享一下东林精神、东林魅力、东林特色、东林文化。

东北林业大学自 1952 年建校至今，已经走过了 59 年的岁月征程。建校伊始，创业维艰，以刘达校长为代表的老一代东林人白手起家，扎根东北边陲，倾心林业教育。一代代东林人薪火相传，弦歌不辍，从 1952 年到 1999 年，学校一直由国家林业部(国家林业局)直属管理，2000 年获批归教育部直属管理，2005 年成为国家“211 工程”重点建设高校，2006 年本科教学工作水平评估获得优秀成绩，2007 年有 2 个一级学科和 2 个二级学科被评为国家重点学科，共涵盖 12 个二级学科，2010 年成为教育部和国家林业局共建高校，2011 年成为“优势学科创新平台”项目重点建设高校，也是唯一具有国家重点实验室的高等林业院校。

东林是有精神的，东林精神不是形而上学的，而是与时俱进的，从建校初“人拉犁”的艰苦创业精神，到“211 工程”建设时的“团结拼搏、自我激励、发挥优势、争创一流”的精神，今天的东林师生、校友身上还有脚踏实地的奉献精神、不甘落后的进取精神、舍己助人的大爱精神、关爱自然的伦理精神，还有你们今后敢于尝试的创新精神，这些都是东林精神，她砥砺着一代

代东林人奋勇前进，我们要继续传承和发扬。

东林是有魅力的，森林景观式校园景色宜人，绿意如春，颇受市民青睐，东林老师敬业奉献、关爱学生、教书育人，东林学生勤奋好学、平和谦虚、诚信守纪，东林校友淡泊明志、踏实工作、勇于创业。在校同学中先后涌现出一批品学兼优的优秀学生典范，有的获得“全国见义勇为优秀大学生”称号，有的获得首届全国大学生数学竞赛数学专业组总决赛一等奖（总分第二），被免试推荐到北大硕博连读，有的获得“中国青少年科技创新奖”，有的获得全国大学生英语竞赛特等奖。毕业校友中有全国劳动模范等生态卫士，中国工程院院士等学术大师，全国政协副主席、科技部部长等治国栋梁，白手起家的商界精英，还有大批奋战在平凡岗位上的社会建设者。从社会各界对在校生和毕业生的评价来看，大多东林人都是良好的名片，散发着东林魅力。

东林是有特色的，踏入校园，你们可处处感受到她的特色，如学科专业的特色，生态校园的特色，帽儿山、凉水两个实验林场的特色，今后你们更可感受到人才培养的特色，学校注重专业知识、学术精神、实践能力、思想品德、职业素养等综合教育与培养。学校严抓学风、校风、教风建设，管理

有特色，严格而规范，充满人情味。有些同学认为管得有点严，但我想今天管得严一点，明天你们的错误就会少犯一点。

东林是有文化的，学校一直致力于校园文化建设，倡导敬畏生命、关爱自然的生态文化，举办各类学术活动、文化论坛、文艺活动等，营造浓厚的学习、学术和文化氛围，“学参天地、德合自然”的校训更是东林文化的集中体现。校园文化活动形式多样、内容深刻、思想迸发，吸引着广大同学的积极参与，让大家尽享文化大餐。东林文化是包容开放的，学校尊重学生个性，宽容成长中的失败，搭建交流的平台。

你们来到东林，那么学校为你们的全面成长能做什么呢？我想这是摆在学校和全体教师面前的一道单选题，我们别无选择，答案就是唯一的“责任”。这份责任，就是要集中精力、整合资源、全力以赴把你们塑造成品学兼优、术业专攻、素质全面、志存高远、脚踏实地的建设者、领导者、创业者、研究者。学校和同学们的关系，我想这既是法律契约的关系，也是道德契约的关系。学校对你们负有法律上的责任，这是国家赋予学校和全体教师必须承担的培育责任，这是一只有形的手。同时学校对你们负有道德上的责任，这是学校和全体教师自我约束和主动关注你们成长成才的责任，这是一只无形的手。如果我们做得不好，没有尽到责任，你们可通过校园网主页的"领导信箱"等渠道投诉反映，学校将尽量满足大家的要求。我们办教育就要对得起学生，对得起家长，对得起国家，对得起社会，否则枉为大学，枉为人师。早在 1932 年，清华大学原校长梅贻琦在谈到教授责任时说："教授责任不尽在指导学生如何读书，如何研究学问。凡能领学生做学问的教授，必能指导学生如何做人，因为求学与做人是两相关联的。"现在，你们就像一块尚未雕琢好的玉石，学校和老师会切实负起责任，做一个能工巧匠，把你们精心雕琢成形色各异、大小不一，但同样绚烂夺目、光彩照人的玉器，让你们的身价翻番，价值倍增，得到社会的一致认可。

当然，学校还存在种种不足和困难，有些同学也许已经发现，我们的校区空间不够宽敞，学生宿舍条件有限，食堂有点拥挤，没有专门学生活动中心。对此我向你们和家长深表歉意，希望大家克服困难，不要影响学习情绪，学校将竭尽全力加以改善，逐步满足大家的需求。

你们来到东林，那么你们为自己的人生和社会能做什么呢？我想这是一道不定项填空题，请你们郑重填上坚持梦想、公共意识、诚实守信、学会取舍、珍惜情感，甚至更多……

每个人都有梦想，但可悲的是当梦想照进现实，就会随着时间的推移，慢慢消逝殆尽。仅仅有梦想很容易，难的是能一直坚持梦想，持之以恒地努力追求。不管身处顺境还是逆境，请你们坚持自己的梦想。在学习、科研和工作中，要敢于做梦，目标要高一点，梦想要大一点，志向要远一点。不要怕被人误以为好高骛远，年轻人追求高一点志向远一点有什么错？美好的梦想不能被世俗和周围环境所左右、淹没，有梦想就有希望，有梦的人生才精彩。美国莱特兄弟从小就梦想自己能像鸟一样在天空自由飞翔，这在当时看来根本不可能实现，但是他们却没有放弃，一直努力坚持，功夫不负有心人，终于在 1903 年制造发明并试飞成功了世界上第一架飞行器，实现了儿时飞翔的梦想。你们现在还仅仅是大一或研一新生，假如现在连梦想都没有，那还能有什么？在今后的学习中，你们要敢于挑战权威，推陈出新。请我们全校师生都坚持梦想，不抛弃，不放弃，携手前行。

当前由于物本主义思想的影响，公共意识缺失、道德沦丧的事件时有发生，请你们不要受此影响，在学习过程中要不断增强公共意识，培养精英意识，关心国家大事，关注民众疾苦，关切环境保护，勇担社会责任。请你们把专业学习与国家社会发展建设结合起来，把专业研究和生态环境保护结合起来，把个人前途与国家命运结合起来。对公共意识和责任的漠视，就是对社会和公众的残忍；对公共意识和道德的践踏，就是对学校和自我的摧毁。

诚信无价，诚实守信是做人的根本，做事的前提。作为学生，请你们从小处着手，将诚信贯穿到学习生活的每个过程，千万不要有侥幸心理。今天你可能会撒小谎，做小弊，也许能在同学、老师面前蒙混过关，但却会使你滋生顽固的撒谎、作弊、背信弃义心理，这将会给你今后的人生酿成大错，甚至是葬送一生的灾难。在搞研究、做学问的道路上，尽管困难重重，但你们一定要恪守学术道德，不要剽窃作弊，否则，轻者会被取消学位，重者会成为知识产权纠纷的被告，遭受法律的制裁。所以，从今天开始，请你们时时处处事事讲诚信，坦荡为人。

刚开始大学生活，大一新生可能会发现可支配的资源很多，可选择的东西很多，可读的书很多，可看的网络信息很多，研究生可能会发现可选择的方向很多，可选择的资料很多，你们会觉得茫然不知所措。所以，请你们学会取舍，学会选择，懂得舍弃，有舍才有得，有得必有舍，及时把没用的、淘汰的、重复的东西统统都删除掉。其实取舍对我们每个人来讲，都很艰难，也非常重要，在学习、科研、人生等紧要关头，请你们一定要慎之又慎地选择，关键时刻要勇于放弃一些东西。

人都是有情感的，我们因为情感才紧紧相依在东林。你们从四面八方来到东林，这是一种缘分，这份情感来之不易，朴素纯真，请你们彼此珍惜。在今后的学习生活中，请你们加倍珍惜和家人的亲情、和老师的师生情、和同学朋友的友情、和恋人的爱情、和普通民众的乡情。很多成功人士，在他们后来的事业团队中，不少都是学习期间结识的亲密伙伴。所以，请你们以大学的情感为纽带，懂得分享合作，创建互助团队，积累人脉资源，成就未来梦想。

当下的大学生和研究生并不像过去那么耀眼夺目，甚至毕业后就成了就业的弱势群体，这些并不是危言耸听，你们一定要有危机感。我想你们对今天的放松，就是对明天的放纵；对光阴的虚度，就是对青春的亵渎。心有多大，舞台就有多大，同学们，从现在开始，让我们大家一起动起来，共同去改变世界！愿你们在东林学习与生活期间，都能如沐春风，如鱼得水，如愿以偿。愿你们快乐学习、快乐生活、快乐工作！

谢谢大家！

天津大学李家俊校长：

从现在开始

李家俊，1955年生于浙江。1982年毕业于天津大学，获学士学位。1995年在英国威尔士思旺西大学获材料工程专业博士学位。天津大学材料科学与工程学院教授。2011年起担任天津大学校长。曾任天津大学材料科学与工程学院院长，天津市教委副主任，天津工业大学校长、党委副书记，中共天津市委科学技术工作委员会副书记、书记，天津市科学技术委员会主任，市知识产权局党组书记(兼)。现在还担任中共天津市第九届委员会委员，天津市人民代表大会常务委员会委员。长期从事金属材料、复合材料方面的研究工作，取得了一系列研究成果。

亲爱的同学们：

今天，天津大学举行隆重的开学典礼欢迎2011级的3,958名本科生和303名高职生新同学从全国各地汇聚到这里，开始崭新的生活。我代表全校2万多师生员工和20余万校友向你们表达衷心的祝贺和殷切的期待！

同学们，今天对于我们的国家来说是一个特殊的日子。106年前的9月2日，在中国延续千年且影响深远的选官和教育制度——科举制被废除，以天津大学的前身北洋大学为代表的现代大学摆脱了最后的束缚，正式成为中国教育的最高学府，现代高等教育得以在中国的大地上迅速发展。

上个月在深圳举行的世界大学生运动会的主题口号是“从这里开始”，这个口号蕴含的一个意思是：那里是中国改革开放的起点。而这里，你们选择的这所大学，是中国现代高等教育的起点。“兴学强国”是这所学校与生俱来的信念，因为我们的学校诞生于中华民族危难之秋，创办学校即为强国。“实事求是”是这所学校的灵魂，因为一代又一代天大人以此作为思想和行动的准则。“严谨治学”是这所学校的风气，因为天大人对品行、学问、事业总是高标准、严要求。“爱国奉献”是这所学校的传统，因为无论在哪个历史阶段，国家、民族的需要就是天大人努力的目标。

同学们,今天对你们来说也是一个特殊的日子。无论你们曾经取得过多少成绩和荣誉,遇到过多少挫折和烦恼,从现在开始,你们都将开启新的人生旅程。

从现在开始,希望你们树立远大理想。同学们寒窗苦读十余载考入大学,我相信大家都是有理想、有追求的,大家都会希望通过大学的学习完善自己,成为对国家、对社会更有用的人。然而,不可否认的是现在社会上有一股浮躁的风气,诱使人找捷径、求秘诀,投机钻营,急功近利。在这种风气的误导下,一些人忘记了自己的理想,读大学敷衍了事,以为只要能拿到文凭,就可以发大财、做大官。天津大学的老校长李曙森在32年前就曾教育青年人:“个人的前途取决于国家的前途,个人的幸福寓于国家的富强和人民的幸福之中。……不建成一个繁荣富强的国家,个人的前途和幸福是没有希望的。我们希望这些同学从私心杂念的束缚中解脱出来,……把国家和人民的命运放在头等的位置上,做一个有志气、有抱负的青年。”天津大学的校友中有“两院”院士60余位,大学校长50余位,一批高级领导干部,数百名国家特大型企业负责人和总工程师,以及大批各行各业的骨干人才。他们的成功靠的是抱定振兴中华的远大理想,靠的是脚踏实地、持之以恒的努力奋斗。因此,希望同学们以天大的优秀前辈们为榜样,树立起远大的理想,“为中华之崛起而读书”!

从现在开始,希望你们打牢基础,全面发展。当今世界,“全球化”已经成为不可逆转的大趋势,科技革命不断深入发展,知识更新速度不断加快,如何实现可持续发展已经成为世界各国共同面临的挑战。为了能够更好地应对这些趋势与挑战,对本科生而言,最重要的是掌握宽厚的基础知识和终生学习的能力,全面提升自己的综合素质。你可能会对一些课程感到枯燥乏味、晦涩难懂,不知道学习这些知识能做什么用。你可能会感到失望,甚至产生逃避、放弃的想法。但是如果你有机会问一问已经本科毕业的师兄师姐,相信他们会怀着或庆幸或后悔的心情告诉你:一定要好好把握住这几年的时光,全面提升自己,因为在这一阶段打下的基础对你们未来的发展至关重要!

从现在开始，希望你们学会沟通与合作。对大部分同学而言，即将开始的大学生活可能是你们人生经历中第一次独自面对如此多的同学和老师，这是一种既独立又集体的生活。学会独立生活、独立思考非常重要。但是，学会与人沟通、与人合作更加重要。当今社会，如果不会沟通、不能合作，你几乎寸步难行。从某种意义上说，合作是一个不断沟通、互动，不断宽容、妥协的过程，比如共同探讨一道数学题、全班一起组织活动等等都是合作的过程。你会发现参加的"合作"越多，你的心胸就越开阔、见识就越宽广、朋友就越多，你会愈发地在各方面如鱼得水，这将是你未来成功的重要基础！

"雄关漫道真如铁，而今迈步从头越"。同学们，从现在开始，你们有了一个共同的名字——天大人，这不是一个简单的身份，他承载着这所学校116年的文化、传统、精神。从现在开始，你们要学习怎样成为一名真正的"天大人"，努力成为"实事求是、严谨治学、爱国奉献"的传人，希望你们毕业的时候可以底气十足地告诉别人：我，是一名真正的"天大人"！

还有10天，你们即将第一次以天津大学学生的身份迎来中秋佳节；还有1个月，天津大学即将迎来116岁的生日。预祝全体新生和全体天大人节日快乐！谢谢。

南开大学龚克校长：

立定"为公"志 学做南开人

龚克，1955 年 6 月生，湖南长沙人，教授。1978 年 3 月就读于北京理工大学。1986 年 12 月获奥地利格拉茨技术大学博士学位。学成回国后，到清华大学工作。曾任清华大学研究生院副院长、电子系主任、副校长、清华信息科学与技术国家实验室主任(兼)。2006 年 7 月，任天津大学校长。2011 年 1 月，任南开大学校长。现在还担任世界工程组织联合会(WFEO)副主席以及 WFEO 信息与通信委员会主席、中国科学技术协会全国委员会常务委员会委员、第十五届全国人民代表大会代表。研究领域：电子学与通信。

亲爱的 2011 级本科和研究生同学们：

今天——2011 年 9 月 3 日，对你们的人生是个特殊的日子。无论你们来自哪里，无论你们在中学或大学曾有过多少骄人的成绩，无论你们是本科生、硕士生还是博士生，今天大家都站在新的起点重新开始。首先，请允许我作为校长，代表全校的教职员工向你们表示热烈的欢迎，并向你们做出南开教师的庄严承诺：

第一，我们要恪守师德，诚信为人，严谨为学，关爱学生，严格要求，做同学们的良师益友；

第二，我们要和同学们一起坚持南开道路、光大南开品格、弘扬南开精神，打造新时期南开特色素质教育，助力同学们的全面发展；

第三，我们要和同学们一起探求服务中国造福人类的真理，为同学们开拓学术创新的实践平台；

第四，我们要大力推进学校的国际化，为同学们拓展全球视野、提升国际竞争力创造更多更好的机遇；

第五，我们要努力完善各方面的管理服务，为同学们提供更好的学习条件。

我们，所有的南开教职员工将竭尽全力，祝你成功！

同学们，其实我本人也是2011年来到南开大学工作的，可以说我和同学们一样，也是2011级的“新生”。让我们一起努力学做真正的南开人。我想，学做南开人，首先必须记住八个字，这就是我们的校训：“允公允能，日新月异”。体悟这八个字，践行这八个字，是南开人终其一生的事情。作为新生，我以为，要做好“一、二、三”。

“一”，就是要认准一个目标，这就是南开人“为公”的学习目标，用周恩来学长的话来说，就是“为中华之崛起而读书”。不管同学们原先抱着什么样的想法来到南开，从今天起，大家一定要校正自己的学习目标，立定“为公”之志，走“知中国服务中国”的南开道路，像以周恩来为代表的南开先贤那样，在“为人民服务”的事业中实现自己的人生价值。

“二”，就是要过好“学习”和“生存”两道大关。你们已经刻苦学习了十来年，经历了无数次的考试并在高考中获得佳绩，难道还要再过“学习”关吗？是的，因为这个阶段的学习与你们过去的学习不一样，这将是基于“自觉”的学习。没有高考前每月一次的考试，没有父母多少有些令人“恼火”的天天督促，每节课的作业好像太少，考试也好像并不难，这样的学习你们会吗？你们可以突破应试学习的模式、在缺乏外部压力下强化自身的学习动力吗？你们能在没人督促的情况下自觉地、主动地实现德智体美全面发展吗？对研究生新生来说，你们能够自觉地在研究中学习、在学习中研究吗？你们知道如何选好研究方向、调整研究途径、抓住研究重点、突破研究困局、呈现研究成果吗？再说“生存”。你们已经“生存”了二十来年，难道还要过“生存”关吗？是的，因为这个时期的生存环境不同了。不再有父母为你们操持一切，不再有老师叮嘱你们每一个细节，不再有人宽容你作为孩子的无知甚至无礼，你们将独立地对付生活中的各种麻烦琐碎，各种失意不快，甚至是误解和冷遇，你们将和从不相识、习惯不同甚至性格迥异的人在一起度过日复一日、年复一年的“集体”生活，你们能做好吗？对于研究生来说，你们不仅仍然要对付上述种种，而且还要在学术竞技场上拼搏，你们能处理好竞争与合作、传承与超越、坚持与变通、确定与怀疑等等学术

生存中的矛盾关系吗？能够在各种诱惑压力中坚持诚信立身吗？那么，怎么才能尽快、完好地闯过这两关呢？这就需要“能”，要能学习研究，能交流合作，能吃苦耐劳，这三种能力就是我要说的“三”。

认准一个目标，过好两道大关，增进三种能力，是我们南开新生要努力做好的“一、二、三”。尤其是“一”，这不仅是“一个”的“一”，而且是“第一”的“一”。有着第一位的重要性，就是认准“为中华之崛起而读书”的坚定目标，因为这是你们这一代人的历史责任。说到历史责任，让我们说说9月3日。

66年前的9月3日，是全国人民庆祝抗日战争胜利的日子。百年积弱的中华民族在这一天出现了伟大的从衰而兴的历史转折。在那以前的100年，中国从一个富庶的国家沦败到几乎亡国灭种；从那以后的100年，是走向复兴的100年。尤其激动人心的是，从现在起到本世纪中叶，正是你们这一代人的大好时光，正是你们将亲手实现“振兴中华”这一多少先贤英烈为之奋斗牺牲的伟大历史目标。这是多么豪迈的事业，这是你们的事业！同学们，这就是我们所有南开人心中最崇高、最伟大的“公”之事业。今天，7,152名南开新生为了这个事业在这里誓师，让我们从今天做起，从南开做起！

天津师范大学高玉葆校长：

大学生活应该怎样度过

高玉葆，1955年10月生，1982年毕业于内蒙古大学生物系获学士学位，1985年毕业于内蒙古大学生物系获硕士学位，1992年毕业于英国威尔士大学农业科学系获博士学位。自1985年在高校任教以来，一直担任生态学课程教学和人才培养工作，从事温带半干旱气候条件下草地植被和草本植物生态学的研究，先后主持承担国家973项目课题2项、国家自然科学基金项目5项、教育部科技重点项目和博士点基金项目5项及其他课题多项，在国内外重要学术期刊上发表论文160余篇，合作出版自然资源地图6幅、专著3部、专业教材2部；获国家科技进步奖三等奖1次，省部级科技进步奖一等奖2次、二等奖1次，省部级优秀教材一等奖1次；获天津市“十五”立功先进个人称号，2006年度被批准为国务院享受政府特殊津贴人员。

同学们、老师们、家长朋友们：

金秋九月，天津师范大学又迎来一批莘莘学子。此刻，我们怀着激动的心情欢迎5,927名本科生，1,178名研究生新同学，同时也向在你们身后默默地付出的家长和老师们致以诚挚的谢意！

对一所大学而言，新学年之初有一个重要仪式，那就是新生入学典礼。同学们经历了紧张的高考和研究生入学考试，终于来到师范大学校园，我们在这欢聚一堂，迎接一个新阶段的开始！

最近我在想，今年的开学典礼上，作为一校之长我应该和同学们讲些什么？考虑再三，我想提出两个问题和同学们共同思考、共同讨论。

第一个问题"大学是什么？"

我国著名教育家蔡元培先生曾经说过——大学是"研究高深学问"，"囊括大典，网罗众家"之学府，大学以"养成硕学闳材，应国家需要为宗旨"，培养"健全人格之大学生"。蔡先生这番精辟的概括与现代高等学校三项基本功能不谋而合，那就是"人才培养、科学研究、社会服务"。

此外，我们大学还担负着文化传承的重要任务。文化传承，传承的是一个民族作为文化主体积累下来的丰厚知识财产、共同的理念与道德、以及贯穿在社会各个方面的所有的积极元素。在这一过程中，大学作为一个独特的载体，发挥着重要作用。

对于同学们来说，了解大学地位、作用，会更好地理解大学的本质涵义，并由此思考“我应当在其中扮演什么样的角色”。

同学们，展现在你们面前的天津师范大学从 1958 年建设到现在走过了 53 载，在几代师大人的共同努力下，我们学校的发展取得了巨大的成就。我们拥有一批特色鲜明、国内领先并且与国际并行的学科和专业，拥有多个国家级、省部级重点学科以及教育部重点研究基地、市级重点实验室，有比较完备的博士、硕士、学士学位授权体系，还有一支以国内知名学者为主的高水平师资队伍，我们越来越多地开展高层次国际学术交流与合作，为老师和同学提供日臻完善的教学科研设施和生活设施。而其中最重要是，天津师范大学比较严谨的治学风气、比较深厚的文化底蕴将在潜移默化中印刻在你们身上，助力同学们成长成才！

我想与大家共同思考的第二个问题是：大学生活应该怎样度过？

可以说大学时代是人生最宝贵的一段时光，它代表着青春、理想与创新，它蕴含着知识、精神与未来，如果只是庸庸碌碌地度过大学四年，实际上就有负于这美好的年华！

因此在这里，我向在座的同学提出三点建议：

首先，学做人。大凡成功者，在谈及成功之道时，往往比较少地谈“如何做事”，而比较多地谈“如何做人”。中国是一个文明古国，中华民族世代相传的修身美德与规范体现在为人、为学、为官、为民、为父母、为子女等各个方面，我们应当努力去学习和践行学会做人是人之为人的最基本素质，更应该是一种实践，在行动上，应该从小事、从点滴做起塑造健全人格。

其次，多读书。读书的多少决定一个人的素质内涵，我这里所说的读书包括为学业完成所必须的研修课的读书，还包括专业以外老师们推荐、同学们自选的书籍。希望同学们能够在大学宁静而又充满创造力的校园

当中汲取知识，接受熏陶，利用一切可利用的资源，使自己成为一名基础扎实、专业素养和技能完备的人才！

最后，勤思考。对于大学学习而言，简单地接受老师们所传授的知识已经远远不够，在学习过程当中，同学们要做到勤于思考勇于探索，做一名思考者和探究者。在此基础上，才能实现创新与超越，也才可能实现脱颖而出。

同学们，今天是一个值得铭记的日子，新生活就此拉开序幕。看着你们一个个朝气蓬勃、意气风发，我想起毛泽东主席当年在《沁园春·长沙》这首词当中的一句话——鹰击长空，鱼翔浅底，万类霜天竞自由。你们就是搏击长空的雄鹰，未来任你们自由飞翔！

希望同学们牢记"勤奋严谨、自树树人"的师大校训，牢记当代大学生所肩负的责任与使命，不断学习、不断进步，将来成为中国特色社会主义事业的优秀建设者和可靠接班人！

祝老师们、同学们、家长同志们中秋愉快、万事如愿！

谢谢各位！

华东师范大学俞立中校长：

爱在师大

俞立中，教授、博士生导师，国务院政府特殊津贴获得者。1949 年 9 月 14 日 生于上海。上海市西中学六八届高中毕业生；1969 年上山下乡，赴黑龙江省长水河农场务农；1978 年 9 月考入华东师范大学地理系；1982 年本科毕业，获理学士学位，并留校工作；1985 年至 1990 年在英国利物浦大学地理系从事博士和博士后研究；1989 年获得利物浦大学博士学位；1990 年回国，聘为华东师范大学副教授；1994 年聘为教授，博士生导师。2006 年 1 月起任华东师范大学校长。现担任国家教育部科学技术委员会委员；中国地理学会常务理事，中国灾害防御协会理事，中国高等教育学会理事，中国地层委员会委员；地貌与第四纪专业委员会副主任，地理教育专业委员会副主任，化学地理与环境地理专业委员会委员，中国地理信息系统协会资源与环境专业委员会委员等。

亲爱的同学们:

今天我们在这里举行开学典礼,无论这个仪式是简朴的或隆重的,它都标志着一段新生活的开始。刚刚过了中秋节,如果说同学们完成了前一阶段的教育算是圆满的话,那么,今天开始的学业就是一个新的开始。过去的,无论多么辉煌,都已经过去了!

我很高兴与大家共同分享新阶段的喜悦!我代表全校老师和老同学欢迎你们,华东师大欢迎你们!

从今天开始,我们是一家人了。一家人不说两家话。在这个人生的新起点上,我想提醒同学们思考几个问题。

第一,请同学们回想一下,你们为什么选择了华东师大?

也许是出于对这所学校的崇敬,也许是因为对某个专业的兴趣,或许是老师的推荐、亲友的建议,个人的志向,或许是为了将来的就业。当然,也可能就是因为"爱在华师大"。但不管什么缘由,今天我们已经站在一起,成为这所大学的一员,我希望华东师范大学成为你们骄傲的理由,我也相信,你们就是华东师大骄傲的理由。大家都知道,华东师大是"211工程"重点建设的高校,是"985 工程"重点建设的高校,这些很重要,很值得骄傲。但是,更让我们骄傲的是因为我们这所大学是一个有理想、有志向、有深厚人文积淀的大学。首任校长孟宪承先生说,"大学的理想实在就含孕着关于人类和文化的最高理想",具体地说就是,大学肩负着"智慧的创获,品性的陶熔,民族和社会的发展"的崇高使命,肩负着"人才培养、科学研究、服务社会、传承文化"的四大功能。大学是民族的未来,你们是祖国的未来!

第二,请同学们构思一下未来,怎样度过在华东师大的岁月?

同学们都是优秀的!你们过去的学业已经证明了这一点。但这不能保证你们今后一定还是优秀的。社会对人才的需求是多方面的。大学教育不仅是知识传授,更要体现品性、能力、责任的培养。也就是说,大学教育首先是培养人,然后才是专业之才。作为老师,我们应该思考如何为学生创造优越的条件,使学生更加优秀。作为学生,你们需要思考在既定的条件下，如何让自己更加优秀。中国有句老话，“师傅引进门，修行在个人”。这不是推托学校的责任，而是想告诉每一位同学，在同样的条件下，每个人在大学的收获是不会相同的。每年，都有许多同学以自豪的心情走出校门。希望大家学会选择，规划好自己。你们的成就更多地取决于自己的人生目标、成才动力、学习态度、自律意识、投入和付出。路，在自己脚下！

第三，请大家思考一下，我能为华东师大做些什么？

今年是华东师大建校60周年。六十年来，学校向社会输送了十几万名毕业生，许多人成为了各行各业的领袖和栋梁。我们不能以世俗的功名评价大学的成就。但是我们必须承认，一所大学的声誉主要依赖于她的学生的成就。大学生活是人生中自由度最大、想象空间最丰富、塑造机会最多的一段日子。如何使自己目标更明确、生活更充实、学习更有效？学会独立思考，学会选择人生，提升自己各方面的素养和能力，是未来发展的重要基础。你的选择将决定自己的命运，将决定你最终成为什么样的人，也决定了未来十年、二十年以至六十年后华东师大的地位和声誉。

同学们，人类社会发展需要一代又一代有理想、有责任、有信念、有道德、有知识、有能力的知识分子。大学的使命在于造就英才。把同学们培养成人成才是华东师大的神圣使命。志存高远，规划人生，是你们不可推脱的责任。记着一个朴实的真理：时光不会倒流，机会不会重来！

请以积极的态度，去感受大学这份从容的幸福，合理规划自己的未来。请勇敢向你的老师、学长、同学请教，寻求他们的帮助，努力实现自己的目

标。请珍惜跨学科、跨院系、跨学校甚至跨国境的学习机会，不断开拓自己的视野。请乐观面对失败和困难，用心走自己的路，在点滴进步中积累成功。

同学们，从今天开始，你们将开始新的人生旅程。请跨过过去的辉煌，以谦卑的心态站在新的起点上。

同学们，在这个喜悦的时刻，更请大家把父母、师长的恩情记在心中，感谢所有帮助过自己的人。

同学们，站在新的起跑线上，请大家做好准备！

浙江大学杨卫校长：

人生最值得纪念的是“大学生活”那一段

杨卫，1954年2月生，1976年12月毕业于西北工业大学，1981年4月获清华大学工程力学系硕士学位，1985年6月获美国Brown大学工学院博士学位。1989年12月被聘为清华大学教授。2003年当选为中国科学院院士，2004年当选为发展中国家科学院院士。2006年起，担任浙江大学校长。曾任清华大学工程力学系主任、清华大学航空航天学院常务副院长、清华大学学术委员会主任、教育部长江学者特聘教授、国务院学位委员会办公室主任、教育部学位管理与研究生教育司司长。在断裂力学、力电耦合失效、微纳米力学等领域做出了重要贡献，发表11本学术论著和200余篇国际期刊论文，被SCI引用超过1,700次，曾应邀在美国、英国、法国、日本及中国香港和台湾等国际知名高校担任客座教授。曾获全国优秀教师奖章、中国青年科学奖、国家自然科学二等奖、全国五一劳动奖章、香港何梁何利奖和周培源力学奖等。

2011 级新同学们：

你们好！

欢迎你们来到浙江大学，在这所百年学府书写精彩人生。

历经十余年寒窗苦读，曾经的焦虑、困惑、甚至迷茫也许早已淡然，你们满怀喜悦，憧憬着走进了求是校园。新学校、新老师、新同学，新起点、新目标，在面对一个全新的世界之时，你们可曾问过自己，你们一心向往的大学，到底会将给你们带来什么？改变什么？创造什么？

“大学之道，在明明德，在亲民，在止于至善”，中国儒家经典四书之一《大学》，阐述了为学的宗旨，在于弘扬光明正大的品德，使人革旧图新，最终达到完善的境界。在这本传道授业的基本教材中，还给我们指出了大学作为“学之大者”所具有的独善其身、兼善天下的路径，那就是“格物、致知、诚意、正心、修身、齐家、治国、平天下”。从古人“内圣外王”的思想和“经世致用”的追求中，我们可以领会和领悟出一些大学的功能，在大学，我们可以修养品性，坚定志向，端正意念，获得知识，以“内修”而求“外治”，通过精神境界的丰富与提升，增强自己引领社会、服务国家、贡献世界的信心和能力。

现代意义的大学，起源于中世纪的欧洲，创建于1088年的博洛尼亚大学，是公认最早的大学。这类西方大学，具有学术自由、院校自治、通识教育、批判思维的办学传统和理念，以传播知识和研究学问为最高理想，注重超越现实的价值追求。著名哲学家康德是这样诠释大学的，“大学是学术共同体，它的品格是独立追求真理和学术自由。”因此，大学曾一度被人们称为超越现实的“象牙之塔”，“独立、自治、民主、自由和批判精神”已成为现代大学坚守的价值观念。在这以“独立之精神、自由之思想”为依归的学术殿堂里，同学们可以以理性的态度和感性的情怀思考人与人、人与社会、人与自然的关系；可以用科学的精神和独特的视角尊重权威、质疑权威、批判权威；可以摆脱现实功利，追求理想愿景，成为“科学之真、人文之善、艺术之美”的保有者、参与者和创造者。

“大不自多，海纳江河；惟学无际，际于天地”，这是浙江大学校歌的开篇之句，在我看来，这不仅描绘了浙江大学“大学之大”，更阐释了浙大办学贯通中西传统与精神的品质。浙江大学从创办于1897年的求是书院延革至今，继承了中国古代“大学”理想。而毕业于哈佛大学的竺可桢老校长，则赋予浙江大学“求是”的灵魂，交织出一脉相承的现代大学精神。独特的大学文化渊源，造就了浙江大学丰富而深邃的“求是创新”精神。正如国学大师马一浮先生创作的浙大校歌所诠释的那样，“启尔求真”的科学精神、“开物前民”的创新精神、“无吝于宗”的合作精神、“海纳江河”的开放精神、“树我邦国”的爱国精神，共同铸造了浙江大学百年辉煌。我相信，同学们通过学唱这首校歌，更能感悟其深厚内涵和魂脉力量，我也希望你们从今天开始，把校训和校歌铭记于心，并用一生去体悟它、实践它，这将是母校赠予你们最弥足珍贵的财富。

“以人为本，整合培养，求是创新，追求卓越”，这十六字方针是今天浙江大学的教育理念，也是浙大精神和办学思想在人才培养上的实践之魂。

我们坚持以人为本，就是要体现同学们的个性、主动性和全面发展。希望同学们在精修学业的同时，提高自身修养，磨练意志品质，维护学术尊严。“无曰已是，无曰遂真”，脚踏实地地成长成才。

我们坚持整合培养，就是要发挥学校“有文有质、有农有工”的学科优

势，让同学们自由分享优质资源。希望同学们要“兼总条贯”、“思睿观通”，学习讲求“宽、专、交”和“精、深、通”的结合，注重人文素养与科学精神的培育，实现课内学习和课外活动的整合，使自己成长为具有独特知识结构的整合型人才。

我们坚持求是创新，就是要强调有追求终极真理的勇气。希望同学们坚定“开物前民”的意志和勇气，以兴趣为导向，点燃创造激情，培养独立思考能力、批判性思维和想象力，成为具有突出创新素质的优秀人才。

我们坚持追求卓越，就是要培养具有国际视野的高素质创新人才和未来领导者。你们将来不仅要成为杰出的科学家、工程师、医生、教育家、政治家和企业家，更要立志成为能转移国运、引领潮流的卓越人才。希望同学们树立远大理想，志存高远，以“树我邦国、天下来同”的气魄，投身中华民族伟大复兴的历程之中。

同学们，作家老舍先生说过，人生最值得纪念的是“大学生活”那一段，因为它是清醒的，意识的，生动的，努力向上的生活。今天，大学之路已在你们脚下，祝愿大家在努力向上时不断感悟大学之真谛，为自己创造更加灿烂的青春和未来！

谢谢大家！

南京理工大学王晓锋校长：

Hold住你们人生中最美好的四年

王晓锋，工学博士，博士生导师。1962年7月生于黑龙江省哈尔滨市，1983年5月加入中国共产党。1985年本科毕业于华东工学院精密机电装置专业，1988年硕士研究生毕业于华东工学院振动、冲击、噪声专业，2002年博士研究生毕业于哈尔滨工业大学一般力学与力学基础专业。1988年3月留校工作后，先后担任南京理工大学教务处教务科科长、副处长、处长，2000年3月出任南京理工大学党委副书记兼副校长。2006年3月出任南京理工大学党委书记。2006年12月转任南京理工大学校长。长期从事机电系统受控动力学和机电系统动态特性优化的教学和科研工作，主持和参加了10余项自然科学课题研究任务和多项教育管理课题研究任务，主持国防“973”重点基础研究计划一项，发表学术论文30余篇，获省部级科技进步奖8项，主编或参编教材4部。

亲爱的同学们、家长朋友们、老师们：

我们怀着“得天下英才而育之”的喜悦心情，召开2011级本科生开学典礼。首先，我代表学校向全体新同学表示热烈的欢迎和衷心的祝贺！向信任南京理工大学的家长和社会各界朋友表示诚挚的感谢！

31年前，我与大家一样，来到咱们的学校报到，也是从开学典礼开始我的大学生活。当时的心情和大家一样，兴奋中带着一点忐忑。大学是什么，大学生活怎么过！我认为，一所大学的核心要素是“五学”：包括学风、学科、学术、学者和学生。下面，我来和同学们从这五个角度来认识南京理工大学。

学风是一所大学中治学读书、做人的风气，是一所大学的灵魂，南京理工大学由创建于1953年的新中国最高军工科技学府—“哈军工”炮兵工程系分建而成，出身名门，一直有着优良的学风。1983年，学校提炼出“团结、献身、求是、创新”八字校风，并认定“献身”是校风的核心。这种献身精神，现已成为南理工人鲜明的人格标识，尤其在献身国防科技事业方面显得特别突出。60周年国庆阅兵，举世瞩目，30个地面装备方阵，其中有24个装备的总设计师或副总设计师是我们校友。

学科是学校发展的龙头，我们现有9个国家重点学科，工程、材料、化学3个学科排名已经进入全球前1%。南理工在1995年首批进入了“211工程”重点建设院校，2004年成为全国56所建有研究生院的高校之一，在今年上半年又进入了“985优势学科平台重点建设”高校行列。

学术就是学术平台和学术成果。学校建有1个国家级重点实验室，2个国家级工程技术研究中心和国家级大学科技园。“十一五”期间(2005—2010年)获得国家级科技奖励11项，年度科研活动经费总数达到7.11亿元，排在全国高校第32位。改革开放以来，我校共获得6项国家科技奖励一等奖，在全国高校排在前10位。

学者是学校的核心资源。学校拥有一大批以院士、国家教学名师、973首席科学家和长江学者为代表的优秀教师，大家在今后的学习过程中会逐步领略这些著名教授的人格魅力和学术风范。

学生是学校的现在，更是学校的未来。今年入学的本科生3,849名，

平均分超过当地重点线50分以上的有20多个省市，可以说，你们都是非常优秀的，这也证明了南京理工大学的吸引力，但更重要的你们以后在社会上所取得的成绩，可以提升学校的知名度和美誉度。在目前十多万校友中，已涌现出了8位两院院士、20多位将军和各类精英人才。

了解以上的“五学”，就初步了解了南京理工大学的基本情况。大学应该如何过，我提三点建议：

第一，学会学习。大学与中学的不同，正如著名哲学家怀特海所说：“中学阶段，学生伏案学习；在大学里，他应该站起来，四面观望。”学会如何学习不仅是大学学习的目标，也是未来胜任工作的关键。希望大家互相帮助，在老师的指导下，利用学校和社会提供的各种资源和条件，逐渐在学习过程中摸索出适合自己的学习方法，学会自主地、批判性、创造性地学习，培养自己发现问题、归纳问题、分析问题和解决问题的能力。

第二，学会关爱。同学们以前更多的是被关爱，进入大学后，绝大部分同学都已满18周岁，已经成人了，要开始学会关爱他人和社会。只有学会了解他人和社会，并表达自己的关爱，你才能赢得他人的理解、信任和支持，才能与周围环境和谐相处。所以请大家学会关爱自己的父母，注意他们渐渐增多的白发,因为父母不仅给予了我们生命,还给予了我们无微不至的关爱;请关爱你的老师,因为他们是你知识力量的源泉,燃烧了自己照亮了你。请关爱你的同学,因为他可能是你一生中最要好的朋友、最重要的事业伙伴甚至是终生的伴侣;请大家关爱南理工的发展,因为她与我们荣辱与共,她是我们永远的精神家园;请关爱我们的国家,因为这片神圣的土地养育了我们。

第三,学会做事。这就要我们用一种善始善终的态度认真地对待和处理各种事务,坚持不懈并力求完善。大家应充分利用大学阶段,提高做事的能力。一是学会大局着眼,小处着手。大局着眼就会整体分析事情,能够抓住事情的关键;小处着手就可以稳扎稳打,有序推进。二是多参与实践活动。学校重视实践教学,鼓励同学们参与科研训练,假期还组织各类社会实践活动,同学们可以在实践中受教育、长才干,提高做事的能力。三是积极主动参加和开展丰富多彩的校园文化活动,在活动中开阔视野,广交朋友,提升素质。学校有 100 多个社团为同学们放飞梦想提供了广阔的天空:舞龙队多次在国际大赛夺得桂冠;登山协会成员曾入选奥运珠峰火炬手;街舞协会的同学们舞姿绚烂、屡次为学校获大奖。校园里还会有很多的讲座,多听听学术大师、工商翘楚、社会名流等精英人士如何谈人生、说成就,都会对大家有启发思维、励志人生的作用。

同学们,从今天开始,你们揭开了人生新的一幕,开始了新的征程。最后,我希望你们爱国家、爱学校、爱他人,爱生活、爱学习、爱思考,你不是中学生,你也不是其他学校的大学生,你是南理工人,要 Hold 住你们人生中最美好的四年大学时光,为南京理工大学和自己的人生谱写更加辉煌的篇章!

江南大学陈坚校长：

什么是大学

陈坚，1962年5月出生，江苏无锡人。1984年毕业于清华大学环境工程系。1990年获无锡轻工大学发酵工程博士学位。2005年起担任江南大学校长。长期从事发酵工程和食品生物技术的研究与教学工作。曾获得国家科技进步二等奖、教育部技术发明一等奖，江苏省科技进步一等奖等国家或部省级科技奖励10余项；至今以第一作者或责任作者发表的SCI论文140多篇，被SCI他引超过1,000次；获得授权发明专利55项。现为国家“973”项目首席科学家、获国家杰出青年基金、教育部青年教师教学和科研奖励基金（第二届青年教师奖）、全国留学回国人员成就奖等称号。

各位老师，各位新同学：

大家上午好！

看到同学们朝气蓬勃的样子济济一堂，我由衷地感到欣喜。“得天下英才而育之”，这是一所大学最大的责任，也是一所大学最大的光荣。首先，我代表学校对我们2011级4,999名本科新同学的到来表示最热烈的欢迎！

同学们，你们经过十二年的寒窗苦读和梦想催化，带着亲朋好友的祝福与期待，走进了江南大学。面对全新的环境和未知的生活，也许你们会新奇、兴奋、愉快和自豪，又或许会焦虑、彷徨、担忧和失落。我想你们心里一定都很清楚，从迈入江南大学校门的那一刻起，就意味着翻开了你人生的全新篇章。我想你们心里不一定都很清楚，究竟什么是大学？答案对于我们即将开始的大学学习生活，颇为重要。因为只有真正理解了什么是大学，才能在今后的学习和成长历程中向大学的本质精神看齐。

开学典礼可以算是大家入校后第一堂课，在这里，我想与大家一起分享一些先贤和前辈们以及我个人对大学的理解，希望对大家有所帮助。

什么是大学？大学是社会的道德高地。

儒家经典《大学》开篇第一句：“大学之道，在明明德，在新民，在止于至善”。大学之所以受人尊重，原因之一是因为大学之中有大德、有大道、有大爱、有大师、有大精神。正是因为如此，才使得大学成为社会道德的高地。大学里的师生，共同建设着这一道德高地。大学也只有不断地明其德，求至善，才能培养一代又一代的“新民”。我们江南大学的校训“笃学尚行，止于至善”便是大学精神的直接体现。希望同学们勇担社会责任，传承中华民族的大德、大爱和大精神！

什么是大学？大学是社会的思想源泉。

思想是一所大学的高度，大学是靠他的先进思想去引领社会的。在当今的多元社会里，价值主体是多元的，文化冲突也是普遍的。大学是确保科学与真理、民主与法治、自由与平等主流价值不因价值冲突而被抹煞的唯一场所，也是能够将各种文化置于同一平台，使差异得以展示，了解得以进行，沟通得以实现，融合成为可能的唯一场所。希望同学们不断提升思想的高度和理性思维的能力，成为先进思想的倡导者和实践者！

什么是大学？大学是社会的创新引擎。

大学以大学问为基础，以人才培养为根本使命，是国家创新体系建设中的重要组成部分。大学通过培养创新人才，推动创新精神源源不断地走向社会；通过开展科学研究不断推动知识创新，提高生命质量；通过开展社会服务，推动经济社会发展；通过文化的传承创新不断地繁荣和发展社会文明。希望同学们主动学习、主动实践，努力成为科技进步和经济社会发展的重要创新动力！

什么是大学？大学是大师的引导传承。

大家应该都比较熟悉建国前清华大学的老校长梅贻琦先生讲过的一句话，他说“所谓大学者，非有大楼之谓也，乃有大师之谓也“。一座大学好

不好，关键在于它有没有好的教授，有没有学术大师。其实梅先生还讲过另外一句话，也非常经典。他说："学校犹水也，师生犹鱼也，其行动犹游泳也，大鱼前导，小鱼尾随，是从游也。"一句话，把大学里的师生关系刻画得入木三分。希望同学们充分利用大学里的资源条件，珍惜时光，享受学习！

什么是大学？大学是学生的第二母亲。

有人说，每个大学人都有三个母亲：一个是生育你的妈妈，另一个是你的大学母校，再一个就是培育你的祖国。在亲生母亲的怀抱中，你们健康快乐，茁壮成长；在大学母亲的怀抱中，你们将逐渐由天真懵懂走向成熟稳重，将插上隐形的翅膀，变得更加自信和坚强。从今天开始，你们将正式成为"天下江南人"的一员，留下永远无法磨灭的江南印记。希望你们一辈子记住第二个母亲，关爱她的发展，维护她的声誉，努力为她争光添彩！

究竟什么是大学？

同学们，耶鲁大学 300 多年前的校长说：你们就是大学！

谢谢！

中国石油大学(华东)山红红校长:

惟真惟实 成就"大"人

山红红,1959年9月生,河南郑州人,中共党员,博士,教授,博士生导师,享受国务院特殊津贴专家。2005年7月至今任中国石油大学(华东)党委常委、校长。长期从事石油加工领域的教学和科研工作。主持的《石油化学工程人才培养方案及教学内容体系改革的研究与实践》和《突出石油化工特色,创建化学工程与工艺专业人才培养新模式》教学改革项目分别于2000年和2009年获得山东省教学成果一等奖。主要研究方向为重质油加工、化学反应工程和工业催化。主持和参加多项国家和省部级攻关课题,多次参加国际学术会议,公开发表学术论文100多篇。

2011级全体新同学们：

你们好！

每年的开学典礼都是一个重要而特殊的日子，因为这个日子见证着我们来自五湖四海的莘莘学子，开始崭新的学习生活，追逐孜孜以求的求学梦想，实现成才报国的远大志向。而2011年的开学典礼又注定为中国石油大学的历史所铭记。从2004年青岛校区入住学生以来，开学典礼每年分别在东营和青岛两校区举行，经过七年的努力，今年是第一次全体新生在青岛共同参加开学典礼。此时此刻，你们有幸见证并亲身经历这一历史的时刻！在这里，作为你们的校长和学长，我要对2011级4,809名本科生、1,781名研究生、122名留学生们表示衷心的祝贺和热烈的欢迎！祝贺你们梦想成真，欢迎你们来到石大书写人生新的篇章！

中国石油大学诞生于新中国为甩掉"贫油"帽子、实现石油自给的民族梦想之下，由此开启了中国石油高等教育的新纪元。从风华正茂的北京石油学院，到历经风雨的华东石油学院，再到蓬勃发展的石油大学，到如今展翅腾飞的中国石油大学，58年风雨历程，学校四易其名、三易其地，矢志不渝、一路前行，代代薪火相传，始终抱定对理想的追求和对使命的坚守，始终与石油工业同发展、与时代社会共进步，书写了中国石油高等教育史上浓墨重彩的篇章。

目前，学校朝着实现"建设国内著名、石油学科国际一流的高水平研究型大学"的宏伟目标，弘扬"实事求是、艰苦奋斗"的校风、"勤奋、严谨、求实、创新"的学风和"惟真惟实"的校训，秉持"育人为本、人才为本、学术为本"的办学理念，突出质量立校、人才兴校、特色强校的发展宗旨，实行特色

发展、开放发展、和谐发展的发展策略，坚持立足石油石化、贡献经济社会发展的服务方向，正在加快发展步伐，努力把学校办学水平提升到一个更高的层次，为国家建设人力资源强国和高等教育强国做出重要贡献。

在中国校友会网 2011 中国大学杰出政界校友排行榜中，有我校 10 名杰出校友，名列全国大学第 11 位。半个多世纪以来，学校培养出了 20 余万名奋斗在各行各业的优秀人才。他们中有中国科学院院士沙国河、中国工程院院士袁士义等多位科技领军人物；有中海油董事长王宜林、总经理杨华和中石油股份公司总裁周吉平等世界 500 强企业的当家人，还有“新时期铁人”王启民、“当代青年的榜样”秦文贵等英模人物。学校培养的一批批优秀人才担当起了国家富强、民族复兴的重任。他们取得的骄人业绩根本上是源于对思想知识的追求、对崇高理想的追求、对社会责任的追求。同学们，他们是你们的榜样，我相信你们的选择也将和学长们一样，会义无反顾地把美好的大学时光用到奋发成才上，把亮丽的青春梦想汇集到祖国建设的滔滔洪流中去！你们也会在将来的某一天，加入到他们的光荣行列！

中国石油大学地处迷人的帆船之都、海滨之城，享有极高美誉的青岛。学校面朝浪平沙细的唐岛湾，背靠高峻雄伟的小珠山，山在海边，海在校边，校依山势，海映山色。美丽的校园昭示着学校地灵人杰，英才辈出，所有美的东西，都会在你们的成长过程中留下深深的烙印，你们人生的底色也会更加美丽。中国石油大学有着优良的教育资源，具有较高的办学实力和办学水平。学校是国家“211 工程”重点建设和 985 工程“优势学科创新平台”建设，并建有研究生院的高校之一，是首批入围国家大学生创新性实验计划和实施“卓越工程师教育培养计划”的高校之一。这里有藏书丰富、充满人文气息的图书馆，国家级、省部级的高水平实验室。在校园里，你们将邂逅两院院士、千人计划学者、长江学者、泰山学者特聘教授、全国优秀教师和全国高校教学名师等知名学者；将聆听到1,500余名教师的精心授课。在这里，近百个学生社团等待你们的加盟；文化艺术节、科技活动节、博萃节、国际文化节等丰富的科技文化活动等待你们张扬个性、展示才华；全国大学生"挑战杯"、数学建模、电子设计等学术赛事等待你们去捧回桂冠。同时，我还希望在各类国际竞赛的舞台上越来越多地看到你们的身影，在各类学术期刊上越来越多地读到你们发表的文章。学校会为你们参与各种学术和文化体育活动提供一切可能的便利。此外，学校还拥有完善的学生奖学、助学和资助体系，每年发放各类奖助学金累计金额超过6,500万元。学校不会让任何一个家庭贫困的学生中断求学的梦想。中国石油大学是你们全面发展的舞台，是你们梦想起航的港湾，在这里你们将积蓄力量，整装待发！

同学们，我相信，你们中的每一个人都是怀揣梦想而来的，你们都不甘心平平庸庸地度过你人生最美好的大学时光。你们都渴望飞翔，渴望成功，渴望实现自我、超越自我。李嘉诚说："世界上要成就每一样真正有价值或可以骄傲的事情，都必须具有正确的人生观、坚毅的意志和锲而不舍的奋斗精神，保持自律、克己、积极学习的态度，付出时间和努力。"我觉得这话说得非常好。我也衷心地祝愿你们都能梦想成真。为了让你们在即将开始的大学生活中走得更好、更平稳，在此，我由衷地对你们提几点希望。

首先，希望大家做一个人格健全、担当责任的人。

"人"字一撇一捺，撇是才能，捺是人格，出色的才能加上健全的人格，才构成顶天立地的"人"。良好的人格是长期修养的结果，是真、善、美的综合体现。健全的人格是立身之本，它决定着你对事物的认知、行为、情绪和体验。从某种意义上说，人生的意义与价值根本上在于一个人的认知取向，取决于你的人生观和价值观。我校2010级软件工程专业的贺思程同学，身残志坚，面对常人无法想象的困难，依然乐观向上，勇敢地追逐着自己的梦想，他的人格是真正伟大、健全和完美的！

“人才”首先应该是具有社会责任感的合格公民，其次才是具有一定的专业知识或专门技能，能进行创造性的劳动并对社会作出贡献的人。孟子说：“修身、齐家、治国、平天下”，表明了中国读书人的梦想所在。在座的同学们不但要拥有健全的人格，同时还要有齐家、治国、平天下的责任，在校期间要砥砺品学、文理兼修，做一个有理想、有才华、有品格、有责任，对家庭负责、对社会和国家有所贡献的人。

第二，希望大家把握机遇、锻炼能力、增长才干。

首先要学会从思考中确立自我。世界上没有两片完全相同的叶子，也没有两条完全一样的道路，不能审慎思考，就会随波逐流，就会迷失方向和道路。“思以致远、静以凝神”，要把学到的知识转化为实现人生价值的实践本领，思考是不可或缺的升华过程。同学们要在思考中，培养创新性思维和自我决定的能力，以便在目前还无法预知的种种未来局势中自我做出有意义的选择。

其次要学会从独立中体验自主。我们新入校的同学，许多人是第一次离家，第一次长时间地离开父母独立生活。无论是学习生活还是课余活动，你们将拥有更多自由的时间来自主支配。如何从独立学会自主，在自主中有计划、有目标地实现自己的健康成长、全面发展，需要同学们从现在起就要深入思考、做好选择。对研究生而言，要着重培养科学精神和独立开展科学研究的能力，以中国现代最负盛名的历史学家、古典文学研究家、语言学家陈寅恪所践行的“独立之精神、自由之思想”的学术精神与价值取向作为追求目标。无论是本科生还是研究生，谁更快地学会独立、把握自主，谁就在竞争激烈的学业中处于主动，谁就会在追逐梦想的道路上获得先机。

再者要学会从学习中寻求真理。与中学有很大不同，大学要学习的是系统的专业知识，学会发现和探索未知的科学知识，需要建立较完备的专业知识结构、形成专业发展和知识探究的能力，这些是你将来的“安身立命”之本。对于研究生而言，所研究的方向往往是当下与社会发展和科技动向息息相关的新领域，许多时候无前人足迹可寻，而导师是指引方向、教授方法，更多的时候要依靠你自己的不断求索。所以需要同学们必须自觉主动地学习，必须有所创造性地学习，要在学习中领会科学的本义，坚持对真理的追求。

最后要学会从沟通中赢得友谊。“沟通”是保持动态的平衡，无论倾听还是诉说，需要根据环境和对象的不同不断地调整分寸和尺度。不论友情、爱情或者是亲情，人际之间的相处要多包容、少排斥，给对方多一份理解，才能更多赢得尊重，实现有效沟通。同窗情、师生谊是一笔宝贵的财富，一定要倍加珍视与同学、老师一起相处的时光，要知道，你未来一生当中最最好的朋友，将来会对你成就事业给予最大支持和帮助的朋友，很可能都首先来自你的同学。新东方教育集团的创始人在北大求学期间，默默无闻地为舍友打了四年热水。在他创业过程中，早年出国发展的大学同学毅然回国，选择与他共同打拼，创造了事业的新辉煌，一是基于他们大学期间建立的信任与友谊，二是善于与人沟通并保持好的人脉关系的人格魅力发挥了重要作用。

第三，希望大家以始为终、积极规划好学业和人生。

由中学向大学的跨越是一个“破茧化蝶”的过程，是要树立新目标并为之付出努力的新开始，是你的人生航船向着下一站进发的新征程。你是否曾经认真思考过新的学习阶段和未来的人生要怎样度过。在未来的10年、20年、甚至50年之中，你将在社会中扮演何种角色？在家庭中承担起怎样的责任？在国家发展和民族进步中发挥什么作用？毕业之后是选择就业还是继续深造？是选择国内还是国外？是参加国家公派留学还是自己申请？在校期间要做哪些准备？等等。在入学之初，你就要制定好在校期间的发展目标和详细计划，有了详细的发展计划，行动起来就会有章可循；再者，执行过程中还要及时地调整，使得规划更加切合实际。未来总是给有准备的人留着更多更好的机会。

无论是学校发展目标还是个人梦想的实现，都脱离不了所处的环境和时代。当前，全世界能源消费总量中石油约占40%，它牵动着国际战略的格局。2009年中国成为仅次于俄罗斯、沙特、美国之后的第四大原油生产国。今年 8 月工信部公布的数据显示，目前我国原油对外依存度已达 55.2%，首次超越美国，引发了各方高度关注。随着我国经济的快速发展，对于石油的需求必将大幅提升。中国石油大学因油而生、因油而兴，伴随着我国石油石化工业不断发展壮大，我校始终把为石油石化工业提供优秀人才作为重要使命。我认为作为"国字号"的中国石油大学和她的学子们，我们对服务国家发展一如既往地负有义不容辞的责任，必须、也必将有所作为！

同学们，现在，你们正站在人生一个崭新的节点上，你们今天的人生选择，很有可能会影响到你今后一生的人生轨迹。所以，我衷心希望你们要牢牢把握人生的正确航向，把个人的成长成才融入祖国和人民的伟大事业之中，以实际行动谱写壮丽的青春乐章！让我们携手同行，来实现石大人"以青春的名义燃烧激情，用石大的精神创造太阳"的共同梦想！

此时此刻，你们的人生画卷正在展开，青春梦想已经起航。希望同学们珍惜宝贵的青春年华，以有为之身、展鸿鹄之志，志存高远、脚踏实地，用青春与汗水、知识与毅力，把今天的梦想变为明天的现实，成就属于自己的非凡人生！

最后，祝同学们收获智慧、收获友谊、收获成功！

江西科技师范学院郭杰忠院长：

把握“第一次”
珍惜“最后一次”

郭杰忠，博士学位，中共党员，1964年1月出生，硕士生导师，享受江西省政府特殊津贴专家。主持完成2项国家社科基金课题，1项被鉴定为优秀成果并登载在国家社科规划办的主页上，作为主要成员参与完成2项国家社科基金项目，作为首席专家主持完成了2项国内外鄱阳湖生态经济区建设重大理论问题研究招标课题，3项江西省经济社会发展重大招标课题，2项江西省社科规划重点课题，6项省委、省政府委托课题。发表论文出版论著共80余篇，有2篇论文被《新华文摘》、《中国社会科学文摘》转载。有10多项成果得到省委省政府领导的批示，被有关部门采纳。获江西省社会科学优秀成果一等奖3项、省二等奖5项，江西社会科学院优秀成果特等奖1项、一等奖3项。

尊敬的各位教官、各位老师、亲爱的同学们:

大家上午好!

金秋时节,阳光灿烂,秋日如火。今天,我们在这里隆重聚会,举行2011级新生军训汇演和开学典礼。首先,让我代表学校以及学校的全体师生员工,向来自全国各地的140多名研究生和近6,000名大学生表示热烈的欢迎!欢迎你们,新同学!向辛勤培育你们的父母和老师以及关心支持学校的社会各界朋友表示衷心的感谢!

同学们,进入学校的第一课就是军训。军训是大学教育的第一课,同学们辛苦了。时间紧、任务重、天气热,大家克服了重重困难,不怕苦,不怕累,在教官的指导下,刻苦训练。我们从大家铿锵的脚步,昂扬的斗志,奋发的精神状态看到了军训的成果。你们的体力尽管下降了,但是体质增强了,饭量增大了;你们的皮肤晒黑了,但是意志增强了,心更红了。在此,我向指导你们的教官表示诚挚的谢意!

同学们,自从你们进入校园,就和江西科技师范学院紧紧联系在一起。我们学校虽说不是最好的学校,但是学校和老师把你们当成最好的学生,最有培养前途的学生。我们学校在全国几百多所院校当中不是最具高水平的学校,却是最有特色的学校之一,是全国以师范为主体培养职教师资

的 8 所高校之一,是江西省培养职教师资的唯一一所院校。学校现在有 30 多个研究生硕士授予点,有 56 个本科专业,拥有红角洲、枫林、望城、二七路和三眼井五个校区。学校始终秉承"明德精业"的校训,以师范为主体,"学高为师,德高为范"的育人理念,"团结进取、勤学创新"的校风,"厚德博学、教书育人"的教风,"立志高远、勤学创新"的学风,形成了"面向三产,培养职教师资"的鲜明办学特色,是教育部评估为教学质量优秀的本科院校,是教育部、财政部重点支持建设的地方示范性职业师资培训院校,也是国家体育总局确定为国家健美操青少年培训中心的学校。

在校党委的领导下,学校沿着特色办学,科学发展的路子,走上了为建设一所有鲜明特色、高水平的大学的快车道,正在为这个目标努力奋斗。学校积极开展对外交流,与美国、加拿大、澳大利亚、新西兰、韩国、日本、芬兰、匈牙利等 9 个国家建立了良好的互动关系。所以,同学们要加强外语学习,将来不仅可以在国内广阔的天地施展才华,还可以在国际大舞台展翅飞翔。

诚然,我们学校还比较年轻,只有 30 多年的办学历史,处于建设和发展之中。现在正在建设两个重大工程,一个是新图书馆,占地面积达 45,000 多平方米,是江西省高校当中最大的图书馆。另一个是校医院。同时,服务中心、大学生活动中心、学生食堂、交流中心、工作房等一系列的建筑将破土动工。到时候,一个现代化、数字化、生态优美的新校园将展现在你们的面前。

同学们,大学之所以称之为大学,不仅是因为有大的校园,更重要的是具有大的舞台,有求知、求新、求学、成长成才的大舞台。所以,进入大学后,你们一定要珍惜来之不易的机会。作为校长,作为老师,作为你们的朋友,我想给大家提几点希望和要求。

第一,学会适应,不断适应。进入大学以后,你们开始新的生活,面对新的环境、新的同学,要去不断适应,才能不断抓住机会,好好学习。皮亚杰说过:"智慧的本质就是适应"。你们要学会生活自理,安排好自己的衣食住行;学会主动学习,培养自学和研究的能力;学会与人相处,加强相互沟通和交流;学会读书,认识自己,确定目标,为实现自己全面而又有个性

的发展而努力。

第二,学会珍惜,懂得感恩。珍惜是人生的宝贵精神财富与智慧结晶,古今中外,概莫能外,《淮南子》有云:“圣人不贵尺之璧,而重寸之阴”。知古鉴今,你们更应珍惜时光,珍爱生命,珍惜现在来之不易的学习机会。大学是学习知识、塑造人格的重要时期,希望你们认真把握每一个“第一次”,珍惜好每一个“最后一次”,走好前进道路上的每一步。你们要懂得感恩,感恩是中华民族的传统美德,是做人应有的道德准则。古语“投我以桃,报之以李”、“羊有跪乳之恩,鸦有反哺之情”,让我们懂得知恩图报的道理。每个人都要怀有一颗感恩之心,感谢我们的党,感谢我们的祖国,感谢你们的老师、父母和朋友。珍惜今天一切的一切,把握生命中的分分秒秒,就是感恩的具体表现!

第三,学会坚持,不断追求。一个人如果没有明确的人生目标,就会迷失前进的方向。但凡在人生和事业上有所成者,无不是从小立下远大的志向,不离不弃,一以贯之,持之以恒。今天翱翔在天空的飞机是由莱特兄弟发明的,莱特兄弟经过了无数次翼折机毁的失败和打击后,最终实现了上天的梦想。人生贵在坚持,坚持就可以成就自己。同学们,请记住,把今天的成功看成是失败的人,一定能够走向更大的成功;如果说今天的失败,你自己认为是成功的话,必然会走向更惨痛的失败。同学们在大学期间,不仅要提高知识,增强实践才干,更要追求远大理想,坚定信念。希望你们有一个"为中华之崛起而读书"的志向,勤奋学习、勇于拼搏、锐意创新、发奋成才,为中华民族伟大复兴贡献青春、智慧和力量。

第四,学会学习,勤于思考。知识无穷,学无止境,你们不仅要学,要多学,还要用心学,用脑学。学习是大学生活的中心内容和主要任务,你们要充分发挥主观能动性,从各种学习资源中汲取知识的营养,做到不断学习;掌握科学的方法,培养独立学习和研究的能力,举一反三;自觉投身到社会实践当中去,在实践中检验所学知识,做到知行并重,学以致用。学习与思考是相互促进,相辅相成的。勤于思考是打开科学大门的钥匙,因为每次思考都是一次进步,会让人有所感悟,有所收获。希望你们对知识不仅要知其然,更要知其所以然;冷静思考,对职业生涯进行理性的规划;每天思考,不断总结经验,做一个不断充实自我的人。

第五,学会驾驭,创造个性。大学阶段是人一生中最为关键的阶段,如何驾驭好自己,把握人生和未来,是你们健康成长成才的关键。卢梭曾经说过:"生活本身没有任何价值,它的价值在于怎样使用它。"你们要善于控制自己的情绪,做到尊重与忍耐;加强立德修身,做到诚实与守信;把握好情感尺度,做到成熟与理性;保持心理平衡,做到理解与宽容;倡导互助友爱,做到融入与和谐,因为这本身就不失为智者的表现。大学教育的目的,不仅在于传授知识,更重要的在于培养具有创新意识、开拓精神的高素质人才。希望你们按照胡锦涛总书记在清华大学百年校庆上对清华学子和全国青年学生提出的希望和要求,将全面发展与个性发展相结合,在大学舞台上尽情地锻炼自我、展示才华、勇于实践、敢于创新,在充满竞争的时代争做创新型人才。

"天行健,君子以自强不息。"风正潮平,自当扬帆破浪;任重道远,更须快马加鞭!让我们微笑挺身,走向人生新的辉煌!让我们放飞梦想,谱写人生的华彩乐章!

谢谢大家!

武汉大学李晓红校长：

求真 求知 求新

李晓红，1959年6月出生，重庆合川人。1982年加入中国共产党。十一届全国政协委员。工学博士、教授、博士生导师，澳大利亚昆士兰大学荣誉教授。2003年1月任重庆大学校长。2010年12月任武汉大学校长。自1982年以来，一直从事水射流破碎煤岩技术及其在矿山安全与环境工程中应用的研究开发工作，建立了多相振荡射流及其破碎煤岩理论，创新性地研发出多相振荡射流抽采瓦斯技术和多相振荡射流破碎硬煤岩技术。先后主持国家杰出青年基金“固体磨料在自激震荡流中的混合机理及脉冲磨料水射流的研究”，以及国家自然科学基金重点基金等20余项国家及省部级项目的研究工作。曾以第一获奖人身份获国家科技进步二等奖2项、三等奖1项，省部级科技进步奖5项、国际性学术奖2项。

亲爱的同学们、尊敬的老师们、各位嘉宾：

今天我们在这里集会，隆重举行武汉大学2011级新生开学典礼！在此，我代表全校师生员工，对来自祖国各地和世界各地的新同学表示最热烈的欢迎！

33年前，我也梦想过报考武汉大学，梦想成为武大人。但是这一梦想直到去年底才得以实现。所以我也是一名新武大人。当大家背着行囊第一次迈进“国立武汉大学”校门，当大家手持校园卡第一次到食堂就餐，当大家搬着小板凳第一次汇集于梅园小操场，我相信，同学们已经真切地感受到了成为武大人的喜悦与骄傲！

那么，武汉大学是一所什么样的大学呢？武汉大学是中国近现代高等教育的发祥地之一，她发轫于1893年湖广总督张之洞创办的自强学堂，已走过了118年的风雨历程。在这个学术殿堂里，一代代仁人志士、大师鸿儒、莘莘学子，他们筚路蓝缕，捧土培根，众心向善，蔚为国用，不仅造就了秀美迷人的武大、人才辈出的武大，而且孕育和积淀了武汉大学的精神，成为武大得以永葆青春活力的源泉和让武大人永远骄傲的宝贵财富！来到这样一所优秀的大学，同学们最应该做的，就是触摸武大的灵魂，熔铸武大的精神，培育武大的气质，刻上武大的烙印，努力使自己成为一名合格的、杰出的武大人！

同学们，你们是我来武大后迎接的第一届新生。两个多月前，也是在这里，我送走了来武大后的第一届毕业生，当时我给毕业生讲了六个字：关爱、关注、期盼。今天，我也送给各位新同学六个字：求真、求知、求新。

首先是求真。1932 年，国立武汉大学珞珈山新校舍落成，时任校长王世杰先生豪迈地宣称："请大家看我们所走的路是不是中华民族的出路！是不是人类向上的路！"武汉大学的先辈们素来有着高远的理想，始终将自身的追求与科学真理、与国家民族的命运紧密地结合在一起。这是一所大学最可贵的品格。

李达先生是中国共产党的创始人之一、著名的马克思主义哲学家、理论家、教育家，他担任武汉大学校长长达 14 年。在"左倾"风、浮夸风盛行之时，他坚持用马克思主义的基本原则和思想方法看待并处理问题，以科学的态度和大无畏的精神捍卫真理。他坚决反对"人有多大胆，地有多高产"的谬论和"顶峰论"，为此，他付出了生命的代价。老校长陶德麟教授秉承李达先生的学术精神，在上世纪"真理标准大讨论"中透彻地批驳了"两个凡是"，强有力地捍卫了"实践是检验真理的唯一标准"这一马克思主义哲学的基本原则。崇尚学术、献身真理，这就是武汉大学的精神！

中南医院的桂希恩教授以医生的良知和责任，拉响了艾滋病在中国大地上蔓延的警报。他曾经数十次下到农村调查艾滋病疫情，并多方奔走、争取国内外对艾滋病患者、孤儿的资助；为证明日常生活中的接触不会传染艾滋病，他将艾滋病人接到自己家中，与他们同吃同住，用博大的爱心医治患者、抚慰饱受病痛折磨的灵魂。他的事迹不仅感动了中国，也感动了世界。人们说：桂教授五年做的事，可以影响中国五百年。追求真知、造福社会，这就是武汉大学的精神！

其次是求知。大学是知识的殿堂。"求知在武大，成才在珞珈"，武汉大学以优良的学风享誉天下。板凳坐得十年冷，文章不著一字空。无数学术大师呕心沥血、孜孜不倦地追求新知，使得珞珈山不仅富有诗情画意，更蕴藏着深厚的学问。

黄侃先生是 20 世纪前期与章太炎、刘师培齐名的国学大师、"章黄学派"的创始人之一。黄侃曾任教于武汉大学的前身——武昌高等师范，他治学一丝不苟，每日不管白天如何劳累，晚上照常坚持鸡叫才就寝，从不因人、事、贫困或疾病而改变，临终前他一面吐血、一面坚持圈点批校自己的书稿《唐文粹补遗》，在汉语音韵史上立下了一座划时代的里程碑。宗福邦教授带领的研究团队从1985年开始潜心研究，历经18个寒暑，编撰出版了大型汉语工具书《故训汇纂》。这部书与《辞海》、《辞源》、《汉语大字典》、《汉语大词典》并列为汉语辞书五部代表作，被誉为“训诂学界一大盛事”。潜心为学、宁静致远，这就是武汉大学的精神！

最后是求新。创新是推动民族进步和社会发展的不竭动力，而大学则是创新的沃土，是求新者的乐园。武大人一直敢为天下先，坚持走在创新发展的前列。

“珞珈有凤常先鸣”。著名数学家华蘅芳、华世芳教授早在自强学堂时期就编撰出了将中西算学结合起来的第一部数学教材；李国平院士不仅是我国函数论研究的主要奠基人之一，也是我国数学物理研究的开拓者，还倡导并推进了我国系统科学与计算机科学的发展；新中国成立后，高尚荫院士创立了中国病毒学学科；吴于廑教授创新了世界史研究方法，倡导并创立了“整体世界史观”；张瑞瑾教授、谢鉴衡院士多年坚持河流泥沙的前沿探索，为我国水电工程建设提出了影响深远的思想方法和工程模型；王之卓院士早在20世纪70年代就在国际上率先提出发展“数字摄影测量”，并提出了空中三角测量理论，对中国航测事业起到了奠基作用。敢为人先，勇于创新，这就是武汉大学的精神！

求真、求知、求新，这是武大精神的内在要求，但还不是武大精神内涵的全部。在未来的日子里，同学们将会细细地体味武汉大学的山与水、楼与阁、花与树、人与事。我们会发现一个美丽浪漫的武大，一个学术自由的武大，一个开放包容的武大，一个勇于担当的武大……大学精神虽然无形，但却是永恒的，这也正是一所大学经久不衰的独特魅力和生命所在。正是一代代武大学人的耕耘、涵育，正是一代代武大学子的承继、弘扬，珞珈之山东湖之水的“精、气、神”才得以生生不息、滋兰养蕙。

同学们，你们作为新的武大人，有责任、有义务传承并发扬武大精神。

我衷心希望你们:

不仅要有丰富的知识和高超的专业技能,还要有健全的人格和健康的体魄;

不仅要积淀深厚的人文底蕴和科学素养,还要发展对于未知事物的好奇心与探索欲,培养质疑、批判与独立思考的能力;

不仅要具有创造、创新、创业的精神和能力,还要树立全球视野与全球思维,培养参与国际竞争的意识和能力;

不仅要树立"顶天"的壮志与豪情,还要具有"立地"的踏实与坚韧。

总之,我希望同学们在校期间立大志、得大观,期盼同学们毕业之后创大业、成大事,成为能够担纲未来社会责任的领军人物。

早在1929年,老校长王世杰先生就曾经提出:"武汉大学要能履行新的使命,担起文化中枢的责任"。武大118年的发展历程,正是不断追逐这一梦想、逐步实现这一梦想的历程。我也有一个梦想:通过我们今天、明天的不懈努力,到2043年建校150周年之时,将武汉大学建设成为一所大师云集、精英荟萃、人文思想与科技成果交相辉映的大学,成为一所不仅能推动中华民族伟大复兴、而且为人类社会进步做出巨大贡献的世界一流大学,使"武汉大学"的名字闪耀在世界著名大学排行榜上!

同学们,你们在学校宋卿体育馆旁的鲲鹏雕塑上,会看到镌刻着的武大人的梦想与追求,那就是:"北冥深广,鲲翼垂天。云搏九万,水击三千!"让我们携起手来,一起为梦想而努力奋斗!

谢谢大家!

海南三亚学院陆丹院长：

甘于寂寞 学以去惑

陆丹，1960年6月出生，1983年6月加入中国共产党，江苏扬州人，博士，教授。2004年12月，任海南大学三亚学院党委书记、执行院长、法人代表；2009年起兼任三亚理工职业学院党委书记、院长。2006年被聘为海南省创新文化研究会副会长，荣获首届海南省十大创新人物称号和唯一的海南省年度创新人物大奖；2007年当选为三亚市第五届人大代表、三亚市第五届人大常委会委员；2008年当选为海南省人大代表，被聘为三亚市城市规划咨询专家、保亭县政府专家咨询委员会委员、2008天涯文化论坛顾问；2009年当选为海南省人学学会会长；2010年被授予海南省委省政府直接联系重点专家，担任三亚度假经济研究院院长。

各位尊敬的老师、各位尊敬的领导、各位亲爱的同学：

大家好！

七年前，今天我们开学典礼会场所在地，还是荒野一片。感谢海南省三亚市的各级领导的正确决策，感谢李书福先生的倾力支持，唤醒了落笔洞万年的沉睡，使得祖国最南端的这块古人类文化遗址能够与现代大学的教育文明交相辉映。今天，三亚学院，是国际热带滨海旅游城市三亚培育的一朵骄傲之花，是海南国际旅游岛高等教育大发展的一个经典案例。而业界关于三亚学院名列独立学院第五名的评价，则是社会所给予的另一种激励。

过往，三亚学院搭乘我国人口高峰期旺盛的入学需求和教育部发展独立学院的末班车，搭乘海南大特区开放政策资源的顺风车，用五年多时间完成了办学的"出世计划"，我们基本完成了学校的战略、定位、目标、路径、学科和专业发展的设计，基本完成了学校基本规划、基本理念、基本制度、基本价值、基本文化的线路与标准构建，完成了两万在校生办学规模和三届毕业生高就业率等等这一系列"五年建设出世计划"的各项基础目标。现在，学校从容地按照预设目标进入"质量建构式内涵发展"时期。今年，是学校全面开启"十年卓越进程计划"十大工程的第一年。

全面的内涵建设意味着全面的质量工程。下面六点讲我们学校正在做着什么：

1. 学校管理的质量工程

要求管理规范化的升级。规范升级，意味着在这所以新的理念、新的价值指引下的学校制度建设，不只是重目标引导，不只是重教育的过程、培训的过程，更重在直接以规范衡量事情的正确与否和人的水平高差；规范升级，意味着教师队伍、职员队伍职业化教育引导过程的重要性让位于职业化结果评估的重要性。

当代中国人花了许多代价才警醒，工程的质量问题危害性命，食品的质量问题危害健康。我们不花代价也应该明白：管理的质量问题牺牲组织效率，也牺牲个体幸福。无需论证，管理的质量目标理应是任何组织管理的基本道德追求。

2. 学校人才的质量工程

要求人才引进的门槛抬高，对学历、职称要求抬高，以及对学历职称不高但有真才干有成功经验人才入职的门槛抬高，对引进新教师的师德要求将更加严格。人才质量工程，要求对已经在岗的教师、职员中的优秀者优先提供多种水平提升的培养通道。学校已经坚持六年的每年假期两度干部职业化培训、已经坚持两年的教学与管理骨干的十门专业课程学习，开各高校先河，彰显我们在队伍职业化建设上高质量的志向。

不仅如此，人才的质量还在于学校要创造出灵活的新机制来有益于教师创新的快乐工作的校园文化——即学术社区目标。

大学的人才质量，是大学立足之本。大学以人为本，就是办学以教师为本，教学以学生为本。教师之本，在教师学高始终可师，身正亦有可范。

3. 学校的科研质量

科学研究，需要求真的精神，需要吃苦耐劳品质，需要经得起挫折的勇气，需要创新的胆识，凡此种种，缺一不可。文学经典《红楼梦》中女儿国里的贾宝玉为情而情，在笔下生花的曹雪芹看来，放眼满园的聪明人，贾宝玉不谈仕途经济只为情殇，也只有呆气可言。今天做学问者，在市场经济交

易规则面前，更需要有耐得住寂寞的定性，更需要有为学术而学术的呆气。现在，学校鼓励教师科研，鼓励科研转化成果，鼓励就有奖励，奖励就一定会有吸引力。但是，我们还是要说，不要学术造假，不要文章废话，不要急于求成，不要成功后不再读书学问。在大学，学术质量，不只是教师身阶，学校声誉，更是学生生路。请诸位教师同仁为未来计。

4. 学校的教学质量工程

要求学校在不断改善教学环境的同时，提高教学管理的科学性、严肃性，提高教师备课、授课、考试质量。普遍不受学生和评估院好评的教师面临授课资格的重新评价，普遍不受学生好评的课程面临必要的课程改革，直至包括淘汰不合时宜的课程。

与此同时，学风建设将提到一个新的高度，学校将在坚持实用性人才培养大方向的同时，鼓励有特长的学生创新学习，包括鼓励发明创造在内的学生创业。学校将以学生年度综合测评体系为杠杆，引导学生在课堂学习与考试上倾注更多精力，学校将实施包括每学年重读制度在内的学习淘汰制度。同时，也要设法对一些确有特长的学生进行特殊评估，开辟特殊成长通道。

教学质量是学校的生命线。没有高质量的师资队伍，就没有教学质量的保证；教师学问多而心不在焉，等同于没有教学质量。教师职业受人尊敬,全赖于教师不像许多商人吝啬所有,而诲人不倦,不像有些官员提防后进,而无私提携。我们尊敬所有甘于为学生辛劳、甘于为学生付出的老师,你们不仅是知识之灯,也是人格之塔。

教与学是互动过程,不愿意学习的人是不可教育的,就此而言,教育是有限的。为了全面履行好教育的职能,学校必须制定严格的教学纪律,必须严格规范学习行为,必须科学引导启发学生的学习自觉,而不是简单迎合学生的娱乐趣味,这是当下中国大学教育者的严肃责任。

5. 关于大学学习

各位新同学!兴趣虽然是学习的好老师,但,在大学,完全凭兴趣才能学习,可能是小概率事件。大学教育,相对于高等教育体系中的硕士博士教育,还属基础教育。大学本专科的这种基础教育,无论是博雅教育还是专业教育,都要追求知识的系统性掌握,学习效率本身基于兴趣,但是实施教育的过程却要讲究循序渐进的原则,课程的设计、课序的安排都是如此。大学课程前后有序虽然不像游戏通关那么死板,但也不像电视肥皂剧那么跳跃随意。对大多数人而言,个体的学习兴趣,最终都要面临与系统的掌握知识理论、方法、形成解决问题的能力的大学教育方式相衔接。只上感兴趣的课程,只听喜欢的老师的课,可能会有误会。为此,要求学校在不拘一格降人才和追求整体教学质量兼容机制上创新更为有效的办法。学校永远倡导好奇、有趣、求知、创新的愉快学习方法与教学方法。但是,学习的过程要集中精力、要挑战未知的恐惧、要为衔接新知而耐受已知的单调反复,要甘于寂寞、要摒弃干扰诱惑,相对于娱乐生活而言一定是艰苦的;然而,相对于无知而言,它是有趣的、是有价值的。

6. 关于质量工程的规范建设与个体能动性、组织动力的关系

学校全面的质量工程意味着工作与公务行为更加规范。这对学生对老师息息相关。规范化、质量标准是组织管理的基本命题,规范可以保障组织在用人唯贤、唯能与公务在阳光公开基础上的公平公正,规范有助于凝聚力量、步调一致地实现组织战略与目标,在此意义上,规范有助于提高组织效率。但同时,规范强调组织行为同质性的同时,也易于损伤组织成

员的个性差异和其与之俱来的能动性，组织成员能动性下降就会带来组织长期的动力与效能降低。我在管理学经典没有察觉到其分量，我在大学管理岗位上体悟到了。

在规范与动力的张力中寻求均衡，这也许是当下管理的中庸之道。具体到课堂对待学生，中观到学校管理，大到国家社会运行，大都如此为难。而我们必须清醒与谨慎为之，为了实现我们让学生更好走上社会的使命。

各位新同学！三亚学院有志于培养具有工具应用能力和以专业解决问题的人才，培养具有人文背景和健康人格的人才，以为国家培养输送可靠的建设者和接班人。

健康的人格，是学校期望送给学生的最诚挚的礼物。健康人格，基于良好的公德修养，心理素质，基于有效的实践。重要的是，尽管这三者各自具有特定的价值指向、知识基础和禀赋特质，但是却都基于更广泛的阅读与更有效的学习，以适应世界变得更新的技术、知识和专业职业之中复杂的问题。今天，韩愈论学所指"业精于勤而荒于嬉"论断并未过时。

当下，诱人至荒之嬉，又并非只徒物质，而是更多了价值之嬉。多元的价值避免我们成为哲学家担心的单向度的人、单面的人，经济学教会大众理性选择，心理学从技术上解放了人性，后现代让我们善待边缘、弱小和自己，文化学发誓本土就是道理，连管理学也重人性化而讳言效率。不错，更加丰富的价值选择可以满足人性多样化的需求、可以丰满人生，但是，多元的价值没有经过充分的竞争与讨论，会增加年轻学子辨别的成本。

各位尊敬的老师、各位尊敬的领导！我们应该看到，未经充分讨论的价值搭乘游戏化与商业化的传媒工具，传播并构筑了社会游戏人生的价值基本面，以至于从众者多，怨气者盛，不仅仅感染了年轻人与读书不多的人，也同样流行于所谓成功者与所谓学者之中。因此，今天，年轻的大学生的求学之路，不只是克服求知的艰难之路，也同时是跨越价值陷阱与警惕太多诱惑之路。

今天，我们生活在一个相对富裕的时代。但是，我们时代的精神并不算富足。

我们都知道,社会总体的相对富裕不等于不同区域、城乡、人群普遍均衡的富裕,贫富分化还在加大。同样,我们也应该知道,改革事业是一项浩大的系统工程,经济建设、社会建设、文化建设、政治建设的制度很难同步安排,也很难齐头并进。当下结构性困惑有待我们从地下抬头看前看远,这是知识分子的基本德性。但是,虽然社会物质的富裕带来了教育的普及与知识的平民化,虽然人们普遍借助于计算机与网络技术可以更方便地下载与上传信息,但是,我们并没有显得更加智慧。

我们已然生活在网络世界。我们知道,人民群众创造历史与英雄创造历史同样都是有条件的。今天,以大众名义与大众直接感受而借助网络传播的人们,需要反省自己批评的诚意与建言的知识基础经验基础;而习惯从网络获取信息的人们,需要擦亮自己的眼睛。我们生活在一个信息泛滥但却是知识不足的时代,我们的耳朵听到更多,我们的嘴巴可以自由表述,但是,我们的视力却在下降。

孔子在《中庸一大学篇》中论成就齐家治国平天下目标的成人之道在于善于学习。今天我们的视力下降,与理想不远、目标不明有关,但根子还在心不能安静、精力不能专注。心不能静而时有惑动,以生活多样性、价值多元性自娱,乃学习之大敌。

我们的国家正在谋划经济发展方式的转型,正在推进在经济建设同时加快社会建设、文化建设等一揽子全位建设,中国需要在发展中解决继续发展的社会动力与社会公平的两难问题,需要在法制的威严基础上更加人本与人性化。今天,与新文化运动时期与改革初期相比,不只是借鉴别人的成功路径是学习,更重要的学习是坚持国际视野的同时坚持本土化的实践。但是,我们智慧尚不多,我们心力并不强大,我们还容易听信,我们还容易听信怨言、甚至谣言。

今天的中国社会,是需要重新尊重知识的社会,是需要潜心读书的年代,是需要更加勇于实践与创新的年代,是需要一大批有志于中国事业的年轻学子、青年才俊的年代。面对未来更加激烈的竞争,我们不只需要掌握谋生的本领,我们更需要伟大的社会抱负,我们还需要练就辨识前进道路的好眼力。学校教导我们终身以“学习为业”;学习过程中要重在能力养成,“学以致用”;学有所成要报效社会,“学以济世”。这一切首要是有辨识力,要能“学以去惑”。

我们要学会去除因为全球化带来的欧美优越之惑,不能忘了别人成功的经验其历史时间窗不可移植、复制,其文化背景亦只能剥离;我们要去除知识专门便可独步天下之惑,在知识社会,知识更加细分,而问题却更加综合,几乎所有问题都不再是单一专业的知识可以应对,我们需要人文视野与多学科知识熏陶;我们要去除价值多元之惑,多元而不理性相争,各夸其是,怨气太多,娱乐盛行,思想轻松,便会损害社会动力与社会肌体健康,我们要自己负重思考,才不至于承受人生不可承受之轻。

每个时代都有自己的难题,每个时代都有自己的任务,每个时代都呼唤自己时代的英雄辈出。各位新同学,昨天,你们的父辈在艰难的物质贫瘠中奋斗,今天,你们需要在易于茫然的思想中拨雾前行。书籍将增进你们的智慧而不只是小聪明;系统的知识将给你们明亮的眼睛而不只是花言巧语,老师将成为你们人生的良师益友,实践将引领你们走向真知、走向创新。今天,中国需要以实践探索真理的领域很多,路还很长,人们不会天然地挑战未来,只有当插上危机意识和对未来充满信心的两只翅膀时,创新才将临风而至。

用眼睛看清,用脑子想对,用手做成事,用心做好人。在三亚学院,我们知道,不能毕业的学业不是荣耀的学习生涯,不能就业的学生不是好学生,不能创新解决问题的员工不是人才,不愿报效社会的个人成就不是真正的事业成功,不能独立思考、独立判断、且不断反省的生活是不值得过的人生。相信诸位新同学在这所学校,在老师的言传身教影响下,辛勤学习,愉快学习,茁壮成长,壮志凌云,有为于社会!

再次感谢各位领导,各位老师,各位同学!

四川音乐学院绵阳艺术学院龚珍旭院长：

给自己一个目标 让生命燃烧

龚珍旭，男，汉族1961年生于四川盐亭。北京大学应用文理学院研究生，美国美联大学DBA博士学位，中国非物质文化遗产研究院执行院长，四川音乐学院绵阳艺术学院董事长。2010年被全国独立院校协会评为优秀工作者，以自己的全部财力创办四川音乐学院绵阳艺术学院，成立“羌族文化保护与发展研究中心”“李白国际文化研究所”“洞经音乐研究所”；与中国文联合作编著了两千余万字的《羌学文库》于2010年3月出版；策划编排大型音乐歌舞节目《风从羌山来》在全国政协礼堂演出，三次赴香港演出，还在德国柏林亚太文化艺术节演出；打造绵州大剧院，举办“周末音乐会”，三年共吸纳观众十多万人次，为绵阳文化建设作出了贡献。

亲爱的 2011 级全体同学，各位老师：

大家好！

今天，我们欢聚一堂，在这里隆重举行川音绵阳艺术学院 2011 级新生开学典礼。首先，请允许我代表全院教职员工对 2011 级 2,500 名新同学的到来表示热烈地欢迎！同时也向辛勤培育你们的父母和老师表示衷心的感谢！

此时此刻，我能够真切地感受到你们内心的激动，因为我也曾年轻过，也曾像你们一样怀揣梦想昂首起航。可是，人生的道路不会一帆风顺，也许我们无惧风雨，但却会踟蹰迷茫；也许我们会一路高歌，但中间也有起起伏伏。生活就是如此，在给予我们阳光的同时也会播撒雨露。重要的是，我们要经得起风雨，经得起历练，坚持梦想，无畏前行！这正如我们学院的办学精神所示："给自己一个目标，让生命为她燃烧！"

川音绵阳艺术学院成立于 2001 年，2006 年经教育部批准为面向全国招生的大学本科层次的独立学院。十年的办学历程充满了坎坷，无数的川音绵艺人为之付出了艰辛和努力。作为一所年轻而富有朝气的艺术学院，我们始终坚持围绕"启迪学生智慧、培养时代需求人才"的办学目标，执行"传承文化、融汇中西"的办学方针，遵循"立本、务实、创新"的院训，培养市

场需要的“品德优、基础宽、能力强、素质高、能创新”的应用型高级专门人才。2008 年,在中国教育年度评比中,学院获得“中国十大艺术院校”称号;2010 年,被新浪网评选为“全国十大品牌独立院校”。

诚然,川音绵阳艺术学院作为一所刚满十周岁的年轻的艺术学院,很多方面都还存在着缺点和不足,我们希望也迫切地需要全院教职员工和亲爱的同学们一起努力,不断创新,逐步完善。然而,也正是因为年轻,学院更加朝气蓬勃,更具创新精神,更有无穷的发展活力。从十年前的 100 余名学生到今天的 7,500 名学子,我们有什么理由不相信,未来的川音绵阳艺术学院不会成为“学生满意度高、教师幸福度高、社会美誉度高”的高水平艺术院校!

亲爱的同学们,大学是人生最为关键的旅程,是自由探索、追求真理的知识殿堂,是挖掘潜力、掌航自我的人生舞台,是陶冶情操、磨练意志的精神家园,是在不断地认识自我的基础上修正自我的成长历程。我所理解的大学本质,可以简言之为“立本、务实、创新”。“立本”就是要“建立根本,确立基本”。《中庸》有云:“立天下之大本,知天地之化育”,学校以育人为本,培养全面发展的高素质人才是学校的根本任务;师生以做人为本,做一个高尚的人是生活的首要目标;无论是学院还是我们个人,都必须满足立足之本,奠定和巩固持续生存、发展的基础,以期大有作为。

“务实”就是要“讲究实际,实事求是”。古语有云:“大人不华,君子务实”,意思是真正有才华的人不追求虚有其表,有修养有名望的人更注重实际。我们的学校注重于培养实用型人才,作为当代大学生,我们必须踏踏实实,一步一个脚印地向自己理想的人生目标迈进。也许我们在人生的起跑线上没有占据优势,但相信只要努力拼搏,我们终将赢在人生的终点线上。

“创新”就是要“创造知识,创新价值观”。《诗经》记载:“周虽旧邦,其命维新”。大学的本质要求就是不断地进行创新。当今社会正处在知识创造价值、创新驱动发展的时代,大学拥有着最富有激情和创造力的莘莘学子以及对科学和育人有着执着追求的教师,大学就应当成为知识产出和价值观创新的理想场所。

同学们，出生于 90 年代的你们，有着宽阔的视野、丰富的知识、鲜明的个性，这些都将在大学得到进一步地丰富和张扬。我希望你们的创造力是前所未有的，我更相信你们的成就会是非同一般的。作为新一代川音绵艺人，你们既要善于“仰望星空”，充分发挥创造潜力，又要坚持“脚踏实地”，做好身边的每一件事。只有在校内努力积累知识与能力，才能在走出校门、步入社会时不慌不乱，找到属于自己的社会定位和人生角色。

同学们，从开学报到的那一天开始，你们就已经成为川音绵阳艺术学院的一员。在这里，你们精彩的人生画卷即将打开，美好的梦想开始扬帆起航。在未来的学习生活中，你们一定要秉承学院传统，胸怀祖国、敢于担当；一定要坚持拼搏奋进、锐意创新；一定要做到虚心从善、全面发展。四年后，让我们向家人、向母校、向社会交上满意的答卷，把今天的青春梦想变为明天的美好现实！同学们，让我们共同树起远大目标，与学院同呼吸共命运，以民族的富强、国家的昌盛为己任，刻苦努力，学好本领，早日成为国家的栋梁之才！

同学们，衷心祝愿你们在今后的学习中身体健康、思想进步、学业有成！

谢谢大家！

云南省曲靖师范学院周本贞院长：

学业为重　成人为本　乐观为上

周本贞，佤族，中共党员，教授，硕士生导师，1955年12月生，1971年参加工作，1980年毕业于云南师范大学并留校任教，1984—1986年考上西安交通大学助教进修班修完硕士生课程，1998年任云南师大党委副书记，现任曲靖师范学院院长。从事“两课”教学、学生思想政治工作和党建工作35年；先后出版专著、主编、参编教材等50多部，发表论文50多篇；主持（参与）省部级课题18项；科研成果获各种奖励15余项，专著《守望大学精神》获云南省教育科学研究优秀成果一等奖、获云南省政府哲学社会科学优秀成果专著三等奖、获第五次全国高校思想政治教育优秀专著奖，参编《爱国主义知识手册》获团中央“五个一”图书奖。

尊敬的各位老师、各位家长，亲爱的同学们：

大家上午好！

在古今中外的教育传统中，有两个时刻是特别严肃而庄重的，一个是新生入校，一个是学生毕业告别师友离开母校。前天起，我们在校园迎宾大道欢迎来自全国25个省(市、区)的3,500多名新同学入校报到，今天，我们又在这里举行2011级新生开学典礼！但从今天起，你们已不再是宾，而是这里的主人，你们已经成为名副其实的“曲师人”！首先，我代表学校领导班子，向全体新同学的到来表示热烈的欢迎！并借此机会，向辛勤养育你们的家长以及为你们的成长付出辛勤汗水的中小学老师们表示诚挚的慰问和衷心的感谢！

作为一个从教30多年的教育工作者，每年的此时此刻，我的心情总是特别地激动！“得天下英才而育之”，是古今中外所有老师最大的快乐！在生源竞争日益激烈的形势下，我校招生计划完成率为106.5%，录取分数继续提高，本科录取分数线超过二本线15—16分，超过一本分数线及省外生源的数量继续增加，第一志愿报考率继续提高，专业分布人数进一步合理化，新办专业报考人数显著提高，生源质量大幅度提高。这是学校综合实力不断增强、社会声誉不断提高的集中体现。

同学们,我们的学校是一所古老而又年轻的学校,具有百年师范教育传统。进入21世纪以来,学校抓住机遇,经过十一年的艰苦努力,学校发展实现了七大历史性跨越:一是2000年抓住国家高等教育调整的重大机遇,实现了办学层次由专科到本科的跨越;二是2004年高水平完成了新校区一期工程建设,办学条件得到极大改善;三是办学规模持续扩大,全日制在校生达到1.35万人;四是办学水平不断提高,2004年成为学士学位授权单位,2007年通过教育部本科教学工作水平评估并取得"良好成绩",2008年启动了"综合大学"创建工作;五是办学质量逐步提升,2004年首届本科学生毕业以来,毕业生就业率一直名列全省高校前列,其中3年名列云南省第一名,2010年进入云南省优质生源学校,毕业生考研上线人数逐年攀升;六是办学实力明显增强,部分学科专业已经在云南高校形成优势;七是开放办学成效显著,积极推进与国内外高校联合办学,37名教师成为上海师大、云南大学、云南师大硕士生导师,今年联合培养研究生已正式招生。在"十二五"期间,学校将立足曲靖、服务云南、面向全国、辐射东南亚,进一步强化本科教育,争取硕士学位授予权,为创建综合大学奠定坚实的基础。

同学们,从今天起,大家远离家乡和朋友,走进了大学殿堂,将在这里接受新的教育,结识新的朋友,开始人生崭新的一页。如何度过四年的大学生活已经成为你们思考的问题。作为你们的校长,我要真诚地告诉你们:现在,你们站在一个新的起跑线上,这是人生一个至关重要的转折点。我们的学校可能不是你心目中最理想的学校,新的大学生活或许没有想象中的那么好,你们会面临着许多新的困难和挑战,但即将度过的四年必将成为你成长过程中最重要的阶段。学校把提高教育质量视为学校发展的生命线,你们就要把成长成才视为自己的长远利益和目标!春天的耕耘为的是秋天的收获。在社会竞争越来越严峻的今天,接受高等教育,我们的目光要远大一些。"远"者,认清发展趋势,看到明天、看到未来;"大"者,关心社会,胸有国家,面向世界。我们应当把自己置于国家发展大势和民族发展未来中去审视,以对自己高度负责的精神,以更宽广的视野、更新的思维去谋划、去创造自己的未来。

同学们，去岁辉煌已为昔，今朝灿烂再催鞭。大浪淘沙，方显真金本色；暴雨冲过，更见青松巍峨。我们的学校还不是名牌，你们也不是名牌大学的学生，但学校的希望是：四年以后的你们，未必不如名牌学校的学生。这就需要我们一起付出更加艰辛的努力。俗话说："乘势而起，遨游九天之上"，为了让大家能乘着这股东风去实现自己的梦想，学校会竭尽全力为你们提供各种各样的平台。作为你们的校长，你们的长辈，我向大家提出三点希望：

一是希望你们以学业为重。掌握渊博的知识、过硬的专业基础和技能，是作为大学生应当达到的基本要求。从中学生到大学生，从被动到主动，除了专业知识的拓展外，更重要的是人生阶段的转换。所以，对于你们来说，要尽快转变中学阶段应试学习所形成的思维方式和行为模式，学会独立思考和提出问题，善于在互动交流、课外活动和社会实践中学习知识，特别要培养自主学习的能力。

二是希望你们以成人为本。"大学之道，在明明德。"修身立德乃为人之本，成才以成人为先，以德立身，止于至善。科学求真，为立世之基；人文求善，为成人之本。科学的发展不仅需要思维的创新、技术的超越，更需要精神的营养和哲学的睿智。大学之大，不仅在于她是一座博大的知识殿堂，更在于她能启迪心智、塑造灵魂。修身是更重要的学习。“千学万学，学做真人。”在做人方面，希望同学们努力做到并坚守三个字，即“真、正、诚”：“真”就是做真人、做真事、说真话；“正”就是正直、正义、正气；“诚”就是诚信、诚恳、诚实。希望同学们自觉把知识的探究和人文精神的追求有机结合起来，在今后的学习生活中，能正确认识自己，了解社会，发挥优势和特长，克服缺点和不足，互相尊重、互相学习、共同成长。

三是希望你们以乐观为上。有位伟人曾说：“要么你去驾驭生命，要么生命驾驭你。你的心态决定谁是坐骑，谁是骑士。”从某种意义上来讲，心态才是我们真正的主人。它能使我们成功，也能使我们失败。同一件事由具有两种不同心态的人去做，其结果可能截然不同。保持良好的心态才会在逆境中崛起，保持良好的心态才能取得成功，从古至今概莫能外。我们要扼住命运的咽喉。人生总有坎坷，要想走好自己的人生路，就必须具备两种心态：第一，相信前方有路；第二，坚持走自己的路。如果你们乐观地面对人生，乐观地接受挑战和应对麻烦事，那么你们就已经成功了一半。希望同学们永远保持积极进取、乐观向上的心态，做到“以不变应万变”，用崇高的理想砥砺生命的光彩。

同学们，新的征程已在脚下。四年后，你们能不能“自豪地举起杯，挺胸膛，笑扬眉”，自信地去迎接社会新的挑战，需要在座的每个人用实际行动响亮地作出回答。只要你们本着勤奋、求实、进取之精神，抱着敬业、乐业、创业之态度，我相信，你们一定会用青春与汗水、知识与毅力，谱写出人生绚丽的华章！

最后，衷心祝愿同学们学业进步，身体健康，生活愉快，万事顺意！

谢谢！

蓝天学院于果院长：

我愿意为你们负责 你们更应该对自己负责

于果，1962年7月出生，江西临川人，硕士，江西蓝天学院创办人，中国民办教育领军人物。2008年北京奥运会火炬手，第九届、十届、十一届全国人大代表。自幼残疾，1978年参加高考未被录取，靠自学获得了硕士学位。80年代后期，下海办企业，凭着聪明才智，攒下了百万资金。1994年他用这笔钱创办了“江西省高级职业学校”。在国家没有投入一分钱的情况下，经过17年的努力，将江西蓝天学院打造成为国内一流的民办高校，是国家教育部批准设立的普通本科高校，具有学士学位授予权。先后荣获“全国劳动模范”、“中国十大杰出青年”、“中国光彩事业奖章”、“全国优秀教育工作者”和“优秀中国特色社会主义事业建设者”等荣誉称号。

亲爱的同学们：

上午好！

今天，我们终于在蓝天相聚了，欢迎大家的到来！如果说，过去办大学是我一生的理想，那么，以后办大学就是我一生的责任。我愿意为你们负责，为你们的青春负责、为你们的理想负责、为你们的未来负责。但是，我

的能力毕竟有限，我的责任毕竟有限，所以，你们应该自己对自己负责，因为，生命终究是你自己的，生活终究是你自己的，未来终究是你自己的。同学们，我相信，只要你们努力，只要你们能承担起自己对自己的责任，你们就能创造美好，创造奇迹。下面，我将杨培安先生的一首摇滚励志歌曲《我相信》献给你们。

同学们，歌声已经结束，但是你们的大学学习和生活才刚刚开始。我相信，只要我们伸手就能碰到天；我相信，只要我们牵手就会有明天；我更相信，只要你努力拼搏，我们的理想就一定能梦飞蓝天！

北京市第三十五中学朱建民校长：

我最想要的是什么

朱建民，大学本科学历，中学高级教师，曾经获得北京市先进教育工作者，北京市奥运会、残奥会先进工作者和西城区优秀园丁等荣誉称号。2008 年 1 月，担任北京市第三十五中学校长，以教育教学教改工作为中心和重点，以建校 85 周年活动和金帆民乐团参加北京奥运会相关活动为契机，狠抓校风学风建设，对校园环境和部分设施进行整新改造，使学校整体文化建设水平和师生精神面貌发生喜人变化，学校 2008 年中考高考成绩取得历史性进步，学校 85 周年校庆活动取得圆满成功。提出“勤、孝、礼、善、诚”的教育主旨思想，注重全面育人，注重用中华传统文化文明的精华培育新时代的学子，全面贯彻教育方针，全面提高教育质量，坚持全面育人，办有特色；坚持全面发展，学有特长。

尊敬的各位领导、各位来宾、亲爱的老师们、同学们：

大家早上好！

今天是2011年9月1日，我们欢聚在月坛体育馆隆重举行新学年的开学典礼。

在每一个新学年开始之际，我作为校长，都要问自己这样一个问题：35中办学的最高追求是什么？作为办学者，我们最想要的是什么？是35中今年多考上几个清华、北大？是35中今年高考的一本上线率又提高几个百分点？是又有几个学生在全国、全市各种竞赛多得了几块金牌？我想，这都不是我最想要的。作为35中学的校长，我最想要的是全校所有孩子能够在35中快乐、健康地成长。这种成长，不光是体现在成绩上，更要体现在你们每一个孩子的生命发展和心智健全上。35中有四大办学理念：

第一，成长比成功更重要，成人比成绩更重要——这是35中的教育观，也是35中办学的最高追求

我们大家都知道，一个人的成功是有条件的，不是每个人都能成功，但是每个孩子都要成长。因此，成长比成功更重要。再有，如今成绩对于每一个中考、高考的孩子固然重要，没有好的成绩考不上自己理想的高中和

大学。但是,有没有比成绩更重要的东西?我们说,成人比成绩更重要!成绩只能管一时,而成人能管你们一辈子。人做好了,不成功是暂时的;假如人做不好,成功也是暂时的。小胜靠智,大胜靠德。过去说,知识就是力量,今天看来,道德、人格更是一种具有持久性的力量!健全而强大的人格,貌似无形无迹,却能为一个人在这个世界上觅到一处坚定的精神归宿!为此,我们提出了"五有人才"的培养目标和"四证教育"的实践平台。

"五有人才"即35中培养出来的学生必须具备五种素质和能力:(1)具有中华民族的文化底蕴和中国情怀;(2)具有国际视野和接受多元文化的能力;(3)具有正义感和责任心;(4)具有能够适应社会的能力;(5)具有科学精神、创新意识和实践能力。

"四证教育"即所有35中的高中毕业生人人都要争取拿到四个证书:高中毕业证书;做社会志愿者的经历证书;个人才艺证书;个人诚信证书。

对应着"五有"人才中的五个"有"和"四证教育"的四个"证",我们逐一地推出了相应的举措,让培养目标真正地落在实处。

第二,会学比学会更重要,学会思考比学会知识更重要——这是35中的教学观,也是评价一堂好课的重要标准

当代杰出的物理学家李政道博士在29岁就完成了为他赢得诺贝尔奖的主要成果,30岁就成为教授。不断地刨根问底,是他取得重大成就的重要原因。在他步入八十高龄时,曾回到故乡苏州,向年轻学子讲述自己求学的"12字真经",即"求学问,先学问;只学答,非学问"。李政道博士解释说:"要想做好学问,必须先学会问问题,如果只学习回答问题,这不是真正的做学问。"

35中近几年,一直实施以"逻辑思维训练与学习导学"相结合的教学方式与学习方式改革。教会学生如何将书本上的知识把它问题化;再把问题将它课题化。指导学生通过文献检索、网络查询,自主学习、合作探究,培养学生独立思考和创造性思维的品质与能力。

同时,我们还强调课堂教学不仅有传授知识的属性,更具有启迪智慧的责任和使命。在35中,领导和同行听课,评价这一堂课是否成功,主要

看学生上完这堂课能够引起多少兴趣？能够给学生带来多少快乐？多少启迪？多少属于学生自己创造、生成的东西？教育的目的，不是要为你们修筑一个知识的"蓄水池"，而是要为每一个孩子打凿一眼永不枯竭的"喷泉"。

第三，为学生全面而有个性化的发展奠基——35 中的学生观

35 中的金帆民乐团享誉国内外，能够代表全国中小学民乐团的最高水平。我们利用 35 中艺术教育自身的特色和优势，实现了对全校学生艺术教育的全覆盖。我们认为，一所学校假如缺少了艺术教育，它是一个不完整的教育。艺术教育也是素质教育最重要的组成部分。学校通过艺术教育，可以培养学生良好的个性品质和健全的人格，为学生的终身发展打基础。没有艺术陪伴的人生是乏味的，也是苍白的。我们让 35 中成为学生一生中最留恋的地方。每年的 12 月 31 日，学校组织的学生个人才艺大赛，是学生施展才华的大舞台，每年才艺大赛后，都有八九百名学生获得才艺证书或奖杯。

第四，学生是学校教育教学的主体，学生也是一种鲜活的课程资源——35 中的课程观

一所学校，有什么样的课程观，就决定了这所学校有什么样的人才观。

学校有什么样的课程结构,就决定了这个学校学生的素质结构;这个学校的课程质量,决定学校的教育质量。今后什么样的学校最有竞争力?什么样的学校最受社会和学生家长的欢迎?那就是能够为不同类型、不同层次的学生提供与别的学校不一样的、具有特色课程的学校。

我们老说培养学生的创新精神、实践能力、领袖气质……,这些东西都不是与生俱来的,也不是靠老师们教出来的,而是靠学生亲身的实践,培养和锻炼出来的。为此,35中在将学生作为学校教育教学主体的同时,将学生同样视作鲜活的课程资源,把学生社团活动纳入学校校本课程,让学生对自己感兴趣的东西设计成一门自主开发的社团课程,学校提供课时和活动场地。我们还专门成立了学生社团管理服务中心,将学生社团活动纳入课程管理,赋予一定的学分,评选星级社团,同时明确了"自主管理、自我教育、自我完善、自我激励"的社团工作指导方针。很多参加社团活动的学生,在活动中表现出难能可贵的"舍我其谁"的自信和积极主动的态度,他们展现出的创新才能令老师刮目相看,在活动中所迸发的激情和才智令老师感叹。实现了将文化知识学习与思想品德修养的统一,理论学习与社会实践的统一,全面发展与个性发展的统一。

应该说,这"四大理念"是一个完整的体系,它着眼于学校的全局,并非只是为了打造一两个亮点。它让学生在基本素质上全方位发展,并非强化某个方面的特长教育。让学生在全面发展的基础上也更具个性特色,35中的人才培养路径进一步走向多元。

温家宝总理于2009年9月4日到35中进行了为期一天的调研。他鼓励35中要坚持"三个面向",更要与时俱进,力争把35中办成具有中国特色、中国风格和中国气派的现代化学校。——这有赖于在座的每一位师生的共同努力。著名教育家别林斯基曾说:"我们不能不热爱我们的学校,但是这种爱不应该消极地满足于现状,而应该是生机勃勃地希望改进现状,并尽自己的力量去开拓。"让我们秉承这一信念,共同开拓创新!

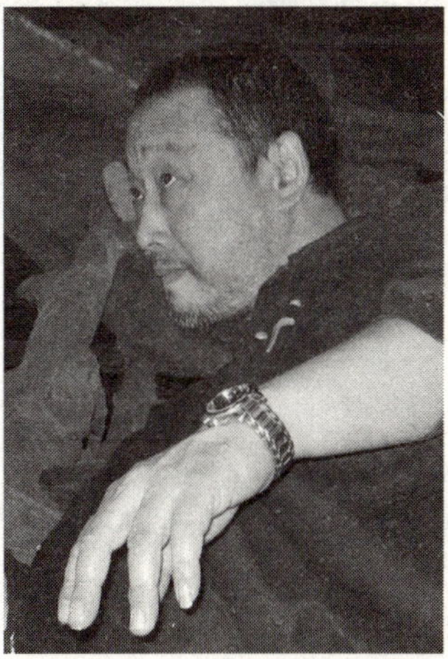

中央美院附中孙伟校长：

为自己 为集体 为艺术

孙伟，现任中央美术学院教授，研究生导师，中央美术学院雕塑艺术创作研究所所长，中央美术学院党委委员，中国雕塑学会常务理事、副秘书长、学术展览部部长，中国雕塑研究中心常务副主任，北京市美术家协会雕塑艺术委员会委员，北京城市研究会城市雕塑与环境艺术委员会副秘书长。2010 年，参加国家教育行政学院第 33 期中青年干部培训班学习，2009 年，参加北京市市委党校第二期“四个一批人才”培训班学习。1998 年至 1999 年前往西班牙马德里大学美术学院做访问学者，1995 年，结业于中央美术学院在职研究生班，1989 年毕业于中央美术学院雕塑系，获学士学位。

尊敬的各位领导、老师，亲爱的同学们：

今天我们在这里隆重举行新学期开学典礼，预示着新的学期和自我完善的征程已经开始。首先我代表附中全体教职员工，对所有老同学返校，特别是2011级新同学的到来，表示热烈欢迎，并向呕心沥血哺育你们健康成长的父母们表示诚挚的问候。

过去的一个学年，是附中全面推进教学体制改革的一年，在学院及其他上级部门的大力支持下，在全体教职工的共同努力下，我校教学良性运行，教学育人等各项工作蒸蒸日上，校风与学风建设得到加强，整体呈现上升态势，07级毕业生更是取得了令人瞩目的成绩。这些成就的取得，为我校在"十二五"期间的大发展开了好局。

本学期学校将继续狠抓以促进校风、学风建设为核心的学生工作，加强观念创新与团结协作，重点打造附中的核心价值精神，打造全校师生积极向上的精气神，最终实现综合育人、全员育人的战略目标。加强课程体系建设是今年学校的另外一项基本工作，也是附中作为中等美术专业院校的根本要求，通过促进教学的规范性与有效性，不断提升教学水平。

在此，我希望全体同学珍视现在，向往未来，敏于思考，勇于发问，敢于创新，刻苦奋斗，学业有成；希望同学们在提升专业、文化素养的同时，更要学会如何做人，塑造真、善、美的心灵和健全人格；希望同学们继承附中传统，密切关注社会、体验生活，培养独立思考的习惯，做高素质的中等美术人才，为自己、为集体、为附中、为艺术事业的未来而努力拼搏。

学校的发展和取得的各项成绩，离不开全体教职员工的努力，更离不开学院领导和有关部门的鼎立支持和诚心帮扶，今天学院领导、校区各部门领导、更有给予我校大力帮助的北京市东城区教研中心领导百忙之中拔冗莅临附中开学典礼，正是对附中师生莫大的鼓舞和支持，我代表附中全体师生表示最真诚的感谢。

今天我们一起用这样一种仪式对未来起誓，寄托我们的期许，我相信这仪式会让我们更有力量，也相信附中定会绽放她应有的、绚烂的辉煌。

谢谢大家！

北京怀柔红螺寺中学于荣学校长：

高中岁月 黄金时光

于荣学，1954 年出生，中共党员。1971 年参加教育工作，1973 年考入北京师范大学中文系读书，1976 年返回山区任教。1993 年出版了反映个人班主任工作经验的教育专著《北京教育丛书 · 山区班主任工作》。2001 年，总结研究班主任工作方法 50 种，出版了教育专著《班主任工作实用方法》，并获怀柔区科技进步一等奖。2002 年申报北京市“十五”规划课题《农村中学班主任培训模式研究》，2005 年结题。2005 年被评为北京市德育先进工作者、北京市德育特级教师。2006 年至今，被评为全国校园文化管理示范校长、全国学校管理创新典范校长，北京市杰出校长、全国科研型杰出校长，第二届全国十大明星校长。2007 年，出版教育丛书《探索的足迹》、《永恒的追求》。

尊敬的各位领导、老师,亲爱的同学们:

大家早上好!在这天高云淡、风清气爽的美丽秋季,红螺寺中学2011—2012学年度新学期开学典礼现在开始!

新的学年,我校招收新生10个班。我代表学校干部、老师,向高一音乐班36名同学、美术班90名同学、230名普通班同学、从新疆远道而来的80名预科班同学,表示热烈欢迎!你们的到来为学校注入了新鲜的血液,增添了新的活力。

红螺寺中学是一所与共和国同龄的学校,在62年的办学过程中,深受红螺文化的影响,一直秉承“扬善、和谐、执着、奉献、民主、开放、勤奋、向上”的“红螺精神”。希望我们所有在校的师生继往开来,把“红螺精神”发扬光大,希望全体学生像珍惜黄金一样珍惜你们的高中岁月。在红中生活的三年,你要不断学习“红螺精神”的精髓,它会为你未来的人生之路提供不竭的动力。

“扬善、和谐”体现国家与国家之间,民族与民族之间的和谐共处。在校园中,体现在师生之间、学生之间、家长和学校之间的互相支持。在红

中，更体现在我们不同民族之间的同学互相关爱、尊重。红中有着优良的传统——红中人彼此互助、相爱、团结、协作。红中人深深理解集体的力量，知晓集体的进步能带动个人的发展，因此，我们学校教师间团结合作，同学们互相友爱。

“执着、奉献”是红中教师身上的共同之处，红中教师各有专长，性格各异，但无私奉献是我们的共同特征，在上一学年，红中取得了巨大的发展成就。高三的同学，在老师们的指导下，毕业率达到 92.9%，全区第一，高考上线率达到 73.3%，超过区平均水平 4 个百分点；李焕、王斌等同学分别考入复旦、南开大学等名校，263 名同学升入大学本科。

高二的同学们(即现在的高三)，参加北京市高中夏季会考政治、生物两个科目，政治优秀率 41.3%，超出区平均水平 10.8 个百分点，全区第一；合格率 99.4%，全区第一；生物优秀率 44.3%，超出区 9.7 个百分点，全区第一，合格率 98.8%，全区第一。

这些都是我们全体红中教师共同拼搏的结果。这显示了红中非凡的教育加工力。出口水平远远超出入口水平，表明了红中教职工的伟大和同学们无限的发展潜力。

我代表领导班子为付出辛勤劳动的全校的教职工，表示亲切的问候和崇高的敬意。

“民主开放”，“民主办学”是红中的优良传统，“开放办学”是新时代的要求，新的学年，红中要努力办成大学附中，提升学校品位。以创建北京乃至全国品牌校为宏伟目标，积极参加教育部国家重点课题《钱学森大成智慧教育思想研究》，成为实验校，突出教学方法创新，推进“自主探究、小组合作”的新型学习模式的建构，全力培养同学们自觉主动学习的好习惯，提升学习成绩。希望全体同学参加到教学改革中来，真正做学习的主人。

“勤奋向上”，红中有一支“作风正、肯吃苦、专业化程度高，服务意识强”的干部、教师队伍，教师们业务能力、科研水平提升快速。在全区三年一轮的教师专业发展、业务能力评选中，我校孟玉环、刘良田、彭玉华等 38 名老师被评为怀柔区学科带头人、骨干教师，全区数量最多、比例最高！

我校申报获得批准的市级以上的课题项目，达到10个，数量多、规格高，不仅全区第一，在全市300所高中校中，也排在前列。显示了红中干部教师深厚的教育理论功底和较高的研究水平。

同学们，让我们为拥有这样优秀的教师和卓越的成就而自豪吧！

在办学特色方面，红中被评为怀柔区艺术教育示范校、北京市艺术教育特色校、全国特色高中建设校。鲜明的教育特色为同学们发展特长创造了广阔的舞台。

新的学年，每一名同学都要在老师的指导下制定生涯规划，思考确立自己的人生目标。上大学，你计划报考什么专业？毕业后，你准备从事什么职业？到45岁时，你要达到什么目标？同学们，要以长期的清晰的目标作为动力，促进自己全面而有特长地发展。

同学们，新的学年，大家要进一步深刻领悟红中校训“敦品砺学”的含义并努力践行，深刻理解“高中生活、黄金时光”这八个字的意义，像珍惜黄金一样珍惜每个小时，每寸光阴。

祝愿同学们人人成人、成才、成功！

北京立新学校曾军良校长：

先学做人 再学做学问

曾军良，1963年10月出生，湖南湘阴人，北京市中学物理特级教师，物理竞赛金牌教练，北京市物理学会理事，北京市物理竞赛委员会常务委员，《高中数理化》特邀编委。1985年9月至2011年6月，一直在教学一线兼课，其中23年奋斗在高三物理教学第一线、8年兼带高中物理竞赛课。对尖子学生的培养、学困生的潜能开发、学生的思想工作有极为深刻的研究，所主管的教育、教学工作、高考工作、学科竞赛工作总会有突破性进展，取得十分优异的成绩。积极开展教育科学研究，多次承担国家级课题的子课题、省市级课题的研究，三次获得中央教科所、省、市教育科研成果奖，发表或获奖的国家、省级论文七十余篇，主编或参与编写的著作五部。

老师们、同学们：

大家好！

这是一个盛载收获的季节，也是一个充满希望的季节。新的学年，孕育着新的希望和憧憬，今天的发展，是昨天追求卓越的结果，更是追求明天卓越的起点。

为此，学校领导要发扬团结、民主、廉政、高效的工作作风，牢记服务的宗旨，为一线师生创造美好和谐的环境，使大家全身心地投入到教育教学实践之中。

各位老师要树立“品牌意识”，打造“学校形象”，发扬面向全体、认真负责、严谨求实、探索奉献的精神，树立终身学习的思想，关心学生，关注学生的未来，一切为了学生，为了一切学生，为了学生的一切，使每一位学生得到最好的发展：在教育思想上，不断追求学养并重的人文发展；在教育策略上，奉行全面发展的素质教育，倡导突出个体差异的教育，推行自主合作、主体教育，努力使学生成为适应社会发展需求，富有民族精神和世界眼光的现代人。

全体同学要牢记“先学会做人，再学会做学问”。希望同学们从热爱学

校、尊敬老师、孝敬父母做起，进而热爱祖国、热爱人民，有益社会文明发展。做一个体魄健壮、情趣高尚的人，做一个抱负远大、意志坚强的人，做一个勤于思考、崇尚科学的人，做一个主动参与、在交流合作中探索学习的人，为提高自身的生命质量和终身的全面发展奠定坚实的基础。

老师们，同学们，回首过去，我们激情澎湃，展望未来，我们豪情满怀！让我们在立新学校的沃土上播种希望，洒下真情，奉献智慧。“潮平两岸阔，风正一帆悬”。我们深信，凭着我们的赤诚，通过我们的努力，我们的明天会更美好，立新学校的明天会更加灿烂、辉煌！

谢谢！

上海中学唐盛昌校长：

在"度"的把握与超越中提升境界

唐盛昌，上海市特级校长、数学特级教师。1962年毕业于上海师范大学数学系，在上海市晋元中学任教。1984年后任上海市曹杨二中副校长、校长。1989年至今任上海中学校长。1996年至2001年任"国际文凭组织校长委员会"、"亚太地区校长委员会"、"亚太地区教育专家咨询委员会"委员。全国教育系统劳动模范，上海市首届教育功臣，享受国务院特殊津贴。1993年创建国内第一所由中国人自主管理的、供外国人子女求学的上中国际部，目前已有来自60多个国家与地区的近3,000名学生在读。在数学教育、现代学校管理与课程改革、国际教育、资优生德育、构建信息化数字化平台等方面发表论文上百篇，出版《校长，教育思想的践行者》、《资优生教育：乐育菁英的追求》、《高中国际课程的实践与研究》、《孩子怎样读名校》、《中学教育的求索与超越》等30余本著作。获全国、上海市教育科研成果奖10余项。

上海中学的学生，无论从成绩还是从思想境界，都已经达到了一定的高度，我今天讲话的主题也由此而来，即一个“度”字，这个“度”是高度的“度”，气度的“度”，也是深度的“度”。

连续四年拿到奥数的金牌，连续多年高考成绩辉煌，连续多年文科理科状元都在我们这里。这些成功还可以讲出很多很多。作为一个中学来说，我们已经达到了一个相当的高度，但是这个高度够不够？看一下我们的国家，在这段时间里，武器、技术都有着飞速发展。歼二十影音飞机，北斗导航系统，一连串的技术都在整个世界上引起了轰动。同时我们又看到了一连串的问题。7·23事件全国为之悲哀为之沉痛为之反思，为什么会出现这样的事情，我们的技术在哪里出了问题，我们的体制我们的思考在哪里出了问题？我们的管理又在哪里出了问题？如果把我们国家所达到的高度，科技、管理、体制机制跟世界上最发达的国家相比我们够不够。

作为中学生，作为上海中学的学生，如果我们能把眼光看得更远些，看到全世界的同龄人，我们一定会感到自己还有很大的空间、很多的高度需要超越。从这个角度讲，这个“度”，这个高度，它实际上是分层次的，中学生只是一个起步阶段。这是一个开端，我们远远没有达到我们应该达到的顶峰。在这里，我们还有很多东西需要迈进，很多东西需要超越。

最近，发生了一件事，世界田径赛中的刘翔，本来有可能得到冠军。遗憾的是，被罗伯斯的手连续打了两次。这个情景大家都看到了，但当记者采访他的时候他并没有埋怨，也没有指责，而是表现了一个高水平的、世界顶级运动员的、非常好的气度。这样的气度并不是所有人都能达到的。回来想想我们自己，当你有可能拿到第一有可能拿到冠军的时候，由于他人的干扰，外界的因素，没拿到冠军，你会有怎样的反应？碰到一些小的委屈，遇到一些小的挫折，你能够坦然处之吗？能够在这类问题上处理得非常妥帖，表现出你的大度，你做得到吗？不一定！特别是在这样很高水平、很有分量的比赛中，能有这样的反应，更是难得。从这件事，我感觉刘翔真的是成熟了，有了中国人的气度，他的思想，又达到了一个更高的高度，更加深刻的深度，比赛、金牌绝不是最终的目的。奥林匹克的精神是什么？

更快，更高，更强。这个精神里更加重要的、更加充分的含义是对人类运动的发展，对整个人类极限的超越。没有这样的思想高度，没有这样的境界高度，说不出这样的话，做不出这样的表现。

我们每一位同学，都可以自问一下，自己碰到这些问题的时候，会怎么处置？所以，我们的同学，有的拿了奥赛金牌，有的拿到了各种各样的冠军，有的取得了非常杰出的成绩，够不够？远远不够！我们的路还很长，我们的眼光必须更远！如果我们上中的孩子，只看到眼皮底下的一点空间，就不可能走得更远，不可能达到更高的高度，也不可能超越极限。我们希望的是什么，我们希望的是超越。中国的科技，还远远不够，我们需要超越，这个超越的责任在谁身上，在我们年轻一辈的身上。我们的体制，我们的机制还有许多需要进一步改革的地方，还需要进一步完善。这个责任，这个义务在谁身上，在我们年轻一代的身上。我们整个国家还是一个发展中国家，还有许多地区处在非常贫穷落后的状态，我们的平均生活水平与发达国家相比还有很大差距，所有这些事要改变，责任在谁的身上？又在我们年轻学子的身上。作为年轻一代中的佼佼者，作为令人羡慕的上中学子，我们理所当然担负起这样一个责任，作为一个中国人的责任，作为一个人的责任。让我们的国家更好地发展，超越一个又一个、各种各样的极限，达到更高的高度，这就是“度”。气度也好，宽度也好，高度也好，所有这些都意味这一条，我们必须超越，超越现在的“度”，达到更高的境界。只有这样，我们才能说自己是真正的新中国年轻的一代。

怎么才能超越？怎么才能跨越现在已有的“度”呢？需要创新。我们第一届进行教育改革与创新实验的科技班取得了非常好的成绩，进入了一个更高的平台。在这里，我没有说更高，更理想的大学，我只说达到了一个更高的平台。创新班最重要的是什么？实验班要实验的是什么？那就是实践创新。没有这样的创新，就不可能在不远的将来，在进一步的学习当中有一个又一个的飞跃。

刚才我说的“度”，都是从名词的意义上来说的。其实“度”还可以做动词来解释，比如度日如年，这里的“度”是经历的意思。那么这个度，又告诉我们什么？我们怎么度过我们的高中阶段？年轻人，高中学生，经历还不够丰富，但是没有很多的体验，没有很多的经验，我们就不可能将名词上的“度”达到更高的高度和深度，也不可能培养出我们的气度。这些都需要经历，需要经验，需要体验。这样的经历，经验，体验，需要我们主动争得。在上海所有的高中当中，上中的军训最严格。为什么？这是一份宝贵的经验，宝贵的体验。我们的 48 小时生存训练，到目前为止已经做了将近十年，但是没有第二个学校跟上来，因为这是一个高难度的体验。为什么会进行井冈山之旅，红色之旅？这是先人走过的道路，我们再去走一遍，再去体验，再去经历。这并不是简单的回首往事，更多的是获得这样的经历，这样的体验，这种经历和体验让我们知道新中国来之不易，是多少先烈用他们的鲜血，用他们的生命才得到我们今天这样的幸福。当有了这样的社会经验以后，我们的思想才会成熟。我们对人才会宽容，对父辈，对家长才会感恩。没有这些，没有这样的经历，不会达到我刚才讲的那些高度和深度。

社会经历虽然非常重要，但是还不够。科学的发展，科技的进步同样需要经验，需要经历。怎么做课题，怎么做真正的科学研究？如果只是停留在纸面上，能够学到东西吗？学到一点书面的东西不能解决真正的问

题。科技实验班重要的地方就是进行了这样的实验。他表面上是培养创新,但是在具体的,实实在在的操作上是培养了经历,培养了一种经验。可以这么说,我们这些科技班的同学(实际上已经是远远不止一个科技班,因为我们已经有很多的实验组)在自己感兴趣的领域里面,进行研究、进行探究、进行探索,当有了自己的经验,当达到更高的平台之后,就知道应该这么着手。够不够?当然不够,除了这方面的经验以外,我们还需要体验当今社会的进步。今天我们生活在数字时代,信息时代。十年以前,没有人知道 Ipad,因为那个时候 Ipad 还不存在,所以今天当我们思考十年以后,二十年以后会出现什么的时候,我们可能想象不出。科技的进步,时代的进步,数字化的时代给我们的学习,给我们的生活,给我们的工作带来了巨大的变化。我们并不清楚,我们需要探究,因此在经历的同时,我们更重要的是探究,是想象。如果说,经历是往前看的,那么探索想象就是向未来看的,当我们不忘记过去,又能放眼未来的时候,整个的思想层次就达到了一个新的境界。

上中的学习,可能和别的学校不一样,上中能真正地出一批人才,单单经历是不够,必须有想象力,必须有对未来的崇敬。有了这些,我们就知道该如何度过我们的高中阶段,该怎样度过我们的人生。经历是自己融入社会的一个过程,经历只是自己了解自然,了解世界的一个过程。还有一个非常重要的环节,可能我们经常会遗忘,那就是进一步认识自己。也许很多同学会问,为什么要认识自己,难道我还不认识自己吗?我的回答是不一定。你可能知道自己对什么东西感兴趣,但是你不一定清楚你的悟性,最好的领域是哪里,哪些领域是你悟性最好的地方,这些你都不一定知道。

最近,我们出版了一本书——《孩子怎样读名校》。这本书是2011届毕业生,100多位学生自己的阐述。我们花了大量的功夫对这一百多位学生一一进行访谈,谈他们在上中的这几年印象最深刻的,对自己触动最大东西。于是一连串的,我从来不清楚的事情就显现出来了。有科技班的孩子,不报考理科,去报考文科的。为什么?因为他对媒体感兴趣,他觉得自己在媒体方面悟性更强,潜能更充分,于是毅然从科技班的理科走向文科。有的同学原来是搞信息竞赛的,成绩相当不错。但是,当对自己进行了理性全面分析之后。他感到可能自己的强项并不在计算机。因为更多的同学在这一方面比自己有优势。于是,他调转方向,开始了学习和探究化学,然后在化学的领域很快地达到了更高的高度。这样的例子太多了,都是同学自己的亲身感受。这个亲身感受,我个人感觉十分宝贵。这表明了一条,我们的同学开始真正认识自己了。

可以这么说,上中现在的学生跟其他很多学校的学生已经不一样了。不一样在哪里?在当我们高三毕业的时候,我们已经不是只会笼统地谈我要上北大、清华,我要上复旦、交大,远远不止这一些。我们已经考虑到自己的志向在哪里、兴趣在哪里、潜能在哪里,然后通过志趣的聚焦,通过潜能的激发,明确了自己应该往哪一个方向去发展,去提升。这样的一种追求,这样的一种思想,是一般的学校所没有的,所不可能达到的。但是我们上海中学的绝大部分同学已经做到了。特别是到高三的时候,复旦、交大的预录取都拿到了,但是很多同学不签约。为什么?因为那些系科不是自己的志愿,不是自己的志向。用脚投票,然后裸考,进入自己追求的新领域。这是什么精神?这就是一种能够超越原有的“度”、能够超越自己的一种境界,达到更高高度的一种充分表现。这就是上中的学生,这就是我们的希望。所以,当我们既有对以往的经历、对社会的体验,又有对未来的向往、设想和追求的时候,当把过去与现在、与未来充分结合的时候,就有可能比别的同龄人达到更高的高度。我们希望的,学校希望的,是你们的未来。今天的高度就是一个学习的阶段的高度,我们还在学习,还在发展,还在成长。而当你为社会做出贡献的时候,是在你完成学业的时候,这个学业可能是在大学毕业,也可能是研究生硕士毕业,也可能是博士毕业,甚至于更高的博士后等等,但是当你踏上社会,当你为社会做出贡献的时候,你所有学习阶段,你得到的积累,就应该聚集在一起,迸发出巨大的力量,去超越你自己的极限、社会的极限、人类的极限。只有这样,我们整个社会才能进步。我们才有可能从一个阶梯迈向更高的阶梯。从一个顶端迈向更高的顶端,不断迈向新的、更高的、更适合时代的发展的高度。

“度”还可以有很多解释,我不是语文老师,我也不想再对这个字进行深入地分析,但是就从这么两个很简单的角度,名词的“度”与动词的“度”,我们就可以体会到非常深刻的道理。就是这个很小的字,就是这个字里面一部分的含义,就能够阐发出如此多的道理。那么,我们作为年轻学生,作为青年学子,是不是应该更多地思考,更多地体验,更多地学习呢?是不是应该考虑如何改进我们的学习方法,是不是应该考虑如何改进我们跟别人的关系?从别人的身上,从老师、同学身上,从家长、社会身上,学到更多东西呢?我想,一个字的容量终究是有限的,但是人的思维是无限的!“度”表达了某种极限,但我们需要的是置之度外,是超出这样的极限!当上中的学生不断地创新、不断地想象、不断地攀登高峰,不断地超越极限的时候,我想,我们才有资格说,我是真正的上中的学子!上中也才可能真正成为一所培养我们国家需要人才的好的中学!

上海进才中学王从连校长：
而今迈步从头越

王从连，上海市特级校长。先后在江苏、上海多所重点中学及浦东新区社会发展局第三教育署担任副校长、校长、书记和署长。曾荣获全国优秀教师、上海市园丁奖、上海市“创先争优”五带头优秀共产党员、上海市教育系统心系教职工的好领导等多项荣誉称号。先后在国家、市级等核心期刊发表多篇论文，参与江苏省、上海市的德育课程教材的编写和课程标准的审定工作，主编多部专著，多次参与国家级、市级课题研究，以课题带动教育教学实践；始终追求成功的学校管理和理想的教育质量，追求在同类学校中的示范价值和良好的社会声誉，努力实现自己的办学理想：“让每个学生获得发展的机会，让每个教师体验教育的乐趣，让每个家长分享成功的喜悦”。

尊敬的各位领导、各位来宾，老师、同学们：

大家下午好！

今天，我们欢聚在东方艺术中心，以“荣获‘全国学校艺术教育先进单位’文艺汇演”的方式，纪念、庆祝进才中学成立十五周年。十五年前，爱国同胞台北叶氏家族无偿捐赠 1.3 亿人民币，建造了进才中学这所美丽的学校。15 年来，进才师生以感恩的情怀，坚持“以思想丰富发展内涵、以文化提升教育品质”爱岗敬业、无私奉献，教育教学质量稳步提高，教师专业发展卓有成效，艺术教育、体育教育、科技教育等各方面取得令人瞩目的成绩，国际教育对外交流、汉语国际推广蓬勃开展，学校获得三十余项国家级、市级荣誉，整体实力和社会美誉度不断攀升。学校 15 年的实践充分证明，进才中学走出了一条超常发展的道路，实现了叶根林先生捐建学校时的夙愿——办东方一流的学校，完成了市区各级领导的重托——达到“国内一流、国际有影响力”的目标，实现了家长、社会各界的期望——办人民满意的学校，今天的进才中学已成为国际知名的学校品牌。

丰硕的成果，骄人的业绩，离不开各级领导和社会各界的关心、指导；离不开兄弟学校和协作单位的帮助、支持；更是凝聚着进才全体师生和家长的智慧和心血。在此，请允许我代表学校向各位致以崇高的敬意和衷心的感谢！

辉煌历史已是过去，灿烂前景需要奋斗。今年是我国“十二五”规划开局之年，是《国家中长期教育改革和发展规划纲要》实施一周年，面对国家的发展形势，学校教育充满机遇与希望，同时面临挑战，我们要以新的思想观念、新的精神风貌、新的作为迎接新的挑战，实现新的希望。

坚定不移地以国家、市区教育中长期发展规划纲要为指导，认清学校教育内涵发展的特性，把握提高学校教育品质的关键，坚

持育人第一，通过深化教育教学改革，提高质量，促进学生全面健康发展。

坚定不移地推进教师专业发展，教师是学校发展的关键，优化教师专业发展模式，提高育人的境界和能力，培养一支能够适应学校未来发展需要，具有"高尚的职业道德及敬业精神；正确的学生观、教育观及课程观；扎实的教学功底及教育实践能力；一定的专业理论素养及国际视野"的教师队伍。

坚定不移地实施课程改革，课程建设是学校发展的核心，积极探索以"科学＋艺术"为核心的课程构建与实施，夯实学生人文素养，积极探索创新型人才培养的新途径，努力构建理念先进、特色鲜明、充满活力、富有时代特征的以学生发展为本的学校课程体系，不断提高教育教学质量，为培养能主动适应时代发展和社会进步的、具备优秀素质的创新人才奠定坚实基础。

坚定不移地推进国际教育，丰富国际教育内涵，提升国际教育品质。遵循"国际教育是教育优质资源的共享，国际间文化的深层次交流"的理念，通过高层次的国际交流和优质教育资源共享，举办高质量的国际教育，建设一所国内一流、国际有影响力的国际性学校，培养一支具有国际教育能力的稳定的教师队伍，为浦东新区教育国际化开放服务，为师生共同发展提供国际教育实践。

在新学期开学之际，希望高一新同学缩短“磨合期”，尽快适应高中寄宿生的学习与生活。希望高二同学做好承上启下的衔接工作，克服分化，缩小差异，不断进步。希望高三毕业班的同学认真“备战”，实现自己的理想！

雄关漫道真如铁，而今迈步从头越。回首过去，我们豪情万丈；展望未来，我们信心百倍，进才师生必将在教育实践的征程中谱写新的篇章！

谢谢大家！

河北省兴隆县六道河中学贾利民校长：

先成人　再成才

贾利民，中学高级教师，河北省骨干校长。大胆进行教育教学改革，构建了学校"361"管理模式和"问题导学式"课堂模式，学校的课堂改革，得到了各级领导的认可，2010年9月10日温家宝总理视察六道河中学，当总理听完一节语文课后，用"教师讲得好，学生学得也好"给予了高度的评价；在德育管理上形成了"经典诵读"、"文明礼仪展示"、"感恩教育"、"经典文化挖掘"的"四位一体"德育教育模式。在各级报刊杂志上发表文章2,000多篇，并有《浅谈中小学实施素质教育的障碍及对策》等20多篇论文荣获全国一等奖，主编教育教学著作12部；主持了英语"四位一体"教学法实验研究等5项国家级课题，并有2项荣获全国科研成果一等奖。

老师们,同学们,大家好:

新的学期已经开始,今天,我们在这里举行开学典礼,对本学期的工作进行安排、动员和要求,希望全体师生严格按照学校的要求,在新的学期里,制订切实可行的目标计划,以饱满的热情,积极的态度,负责的精神精心安排学科组、年级组、各个班级及个人的工作学习任务,营造崇尚科学、文明、创新进取的良好氛围,树立我们六道河中学良好的形象,为全面提高我校教育教学水平而努力。今年共有 205 名新同学带着家长的嘱托,满怀信心地走入了我们的校门,开始新的学习生活,我谨代表学校向你们表示热烈的欢迎和衷心的祝贺,祝贺你们走上了人生成长的新阶段。

过去的一个学期,我校的各项工作都取得了优异的成绩,2011 年 7 月,我们学校被河北省教育厅评为“河北省依法治校示范校”;2011 年 6 月,在共青团中央举办的“红领巾梦想助推计划”作文、绘画大奖赛中我们学校荣获“全国优胜集体奖”;2011 年 5 月,在兴隆县高效课堂评优课上我校选派的 5 名老师包揽了 5 个学科的全部第一;2011 年 6 月我校八二班王鑫同学

代表兴隆县参加“承德市辉煌60年”演讲比赛，荣获市级二等奖；九三班荣获市级优秀班集体；九一班王兴波荣获市级三好学生，八一班陈莹同学获得省级三好学生称号。今年我校中考又取得了辉煌成绩，有6人进入全县前100名，并获得奖学金10,000元；有三名同学进入全县前200名，获得奖学金5,000元；有53名同学进入一中公助。七、八年级在我们课改的推进下，也取得了巨大的进步，七年级荣获全县第三；八年级荣获全县第七。我们今年的目标是九年级中考力争进入全县前3名，七、八年级准备拿全县第一，这不是口号，是我们的目标，经过全体师生的努力，这个目标我们一定能实现。

老师们、同学们，过去的一个学期，我们虽然取得了不小的成绩，但是，在新的学年里，我们能否将这些成绩发扬光大，能否创造新的辉煌，是我们每位师生都应该认真思考的问题。

新学期，学校将大力加强教育教学工作。狠抓教育教学管理，全面提高教育教学质量。营造良好的教风学风校风，力争奋斗一年，把我校办成教学水平较高，教学质量跃居全市上游的一所全国名校。

新学期开始之际，我向老师们、同学们提出以下几点希望和要求：

一、各位老师要树立“品牌意识”，打造“学校形象”，为我校高效课堂的构建、教学教研的浓厚氛围、教学质量的进一步提高做出贡献。从现在起，每位教师都要从最后一名学生抓起，让他们每节课都有所收获，让他们每节课上都感到成功的快乐；每位教师从学校要发展、要生存的高度，高标准，严要求，每个人都必须恪尽职守、严于自律、爱校如家、追求内在修养与外在形象的统一，爱护学校声誉，努力为之增光添彩。要潜心钻研教学，着力提高教学水平和教学质量；努力把自己培养成课改能手、教学骨干，关心爱护学生，一切为了学生，为了一切学生。做一个深受学生和家长爱戴的好老师。

二、全体同学要牢记“先学会做人，再学会做学问”。先成人再成才。这就要求我们在不断丰富自己的同时，培养各方面的能力，因此我们平时要自我努力、养成良好的学习习惯，为今后的人生打下良好的基础。

三、全体同学要尊重我们的教工。老师是阳光和甘泉，哺育着未来的巨人。我们文明的言行，优秀的成绩，良好的素质都跟学校老师的辛勤教导有关。老师是我们的长辈，我们应该尊重她，我们要尊重老师辛勤的劳动成果，应该理解老师的心情，要知道老师给我们上的每一节课，都要花费几倍的时间来准备，也就是说，尊重老师，就要认真听讲，尊重老师就要努力完成老师布置的各项任务，尊重老师就要认真对待教师批改后的学案，尊重老师就是见到老师能主动问好，尊重老师就是文明地和老师交流，不顶撞老师等等，这些都是尊重老师的具体体现。

四、全体同学要爱护我们的学校。我们再有一个多月的时间就要住进新宿舍，使用新餐厅，搬进新教室。那时我们的校舍是一流的，设施是一流的，环境是一流的。同时，我们又有一支过硬的值得尊敬的教师队伍，我们还有 600 多名向上好学的学生，我们应该为能在这样的学校里学习感到骄傲和自豪，当然荣誉的取得和保持依靠全体师生的努力。我们在这里学习，在这里生活、成长，学校的一草一木都是我们成长的见证者，热爱学校，要从爱护学校的公物开始,要从爱护学校的一草一木,节约学校的水电开始,热爱学校要从热爱班级集体开始,热爱学校要做到珍惜学校的荣誉,热爱学校要从提高自己言行的文明程度开始,因为你是一个文明学校的学生,热爱学校,要从努力学好本领,为校争光做起,要让大家见到你就说:不愧是六道河中学的学生!

五、全体同学要严格遵规守纪。我们每一位同学都生活在一个集体当中,我们的学校是一个大集体,我们的班级是一个小集体。在集体中,我们谁也离不开谁。班里有人干了坏事,整个班级都会受到影响。班级里有同学得了荣誉,我们全班同学都会感到光荣。因此,在一个集体中,不管是大集体也好,还是小集体也好,不管是学校里也好,还是班级里也好,同学之间都要互相团结,互相学习,互相帮助,互相关心。只有这样,我们才会不断受益,才会不断提高。我们要严格遵守中学生守则,中学生日常行为规范和学校的各项规章制度。为了打造名校,本学期我们要加大管理力度,我们从发饰、仪表、出勤、言行、排队打饭等常规抓起。对顶撞教师、打架、上网、带手机、吸烟喝酒、谈情说爱、损害公物、以大欺小、讹诈等现象要严厉打击,该给处分的给处分,该开除的开除,触犯法律的移交司法机关处理,我们依法治校、依法执教。

六、希望广大同学发扬顽强拼搏精神,端正态度,刻苦学习,胸怀大志,明确目标,珍惜时间,主动学习。青少年时代是打基础的时代,是学习的黄金时期,每一位同学都应该好好把握,充分利用时间。俗话说,良好的开端是成功的一半。希望同学们养成良好的学习习惯,都能为自己在新学期制定目标,坚持不懈地努力学习。要不断给自己施加学习是享受的意念。构筑起快乐学习的阵地,让学习生活充满灿烂阳光。打牢地基就是成功一半,需要时时用心,请谨记:要做到树信心,能潜心,有恒心,下决心。明天,以优异的成绩向母校交上一份满意的答卷。

九年级的全体同学们,这一学年,是你们在初中阶段学习的最后一年,也是你们知识和能力产生飞跃的一年。随着时间的不断缩短,学习量的增加,知识的加深,同学们会感到时间的压力,学习的压力,心理的压力……

会感到很辛苦,很累。不过,同学们一定要明白,要实现自己的奋斗目标,都必须经过努力刻苦的拼搏,经历一段艰苦过程。品尝其中的酸、甜、苦、辣,这一年,是你们在博览知识的海洋中遇到的第一个浪尖,今后这样的浪尖还等着你们继续去拼搏。怎样来面对它,只能是遵循自然界的基本规律“强者胜利,弱者淘汰”。希望你们个个争当强者。在老师们的引导下调整好心理,合理地利用好时间,把握好学习方法,增强身体素质,问心无愧地完成学业。经过艰苦的努力,你们将体会到辛苦后甜美的乐趣。努力吧!我们将静候你们的佳音。

老师们,同学们,让我们在六道河中学的沃土上播种希望,洒下真情,奉献智慧。我们深信,凭着我们的赤诚,凭着我们的努力,我们的明天会更美好,六道河中学的明天会更加灿烂、辉煌!

同学们,老师们,新的学期已经开始,新的目标和任务等待我们去完成,让我们振作精神、正视不足、团结一致、鼓足干劲、更新观念、锐意进取、与时俱进,以新的姿态和面貌去迎接新的挑战,让我们全体师生携起手来,为打造名校而奉献一切。

江苏省常州市第二中学史品南校长：

努力创造新的精彩

史品南，1966年10月出生，教育管理硕士，中学高级教师。1987年8月参加工作。2004年8月担任常州市第五中学校长；2008年3月至今担任常州市第二中学校长。1993年被评为江苏省新长征突击手，1996年获得常州市“十佳青年教师”称号，1999年荣获团省委“星星火炬”二级奖章。2006年被省工会授予“全心全意依靠教职工办学的好校长”称号。2009年被评为常州市“精神文明先进个人”。2011年被评为常州市“劳动模范”。曾参与和主持研究国家级课题3项，公开发表学术研究论文十多篇，编撰专著4本。

尊敬的各位家长、老师们、同学们：

下午好！

今天我们在这里举行新学期的开学典礼，暨高一新生入学仪式，这是一个非常庄严的时刻，高一的新同学都应当努力记住这个时刻，记住自己曾经作出的承诺，在未来三年的学习过程中认真践行这些承诺。

新的学期来临，意味着新的责任又要我们去承担，每个二中人都应当尽力在自己岗位上履行好职责，完成好各自的任务，创造出新的精彩，这也是我校新学期最响亮的口号。

创造新的精彩，我们要有梦想。有梦想就是有追求，就是有理想，就是有目标。因为有梦、有追求，所以成就了过去二中作为千年府学的辉煌；二中未来的精彩要靠今天我们的坚定追求。我们要努力实现把二中建设成为具有鲜明传统文化教育特色的中国名校的梦想；要努力实现让每个教师都成为师德高尚、专业精湛的名教师的梦想；要努力实现让全体学生成为国之栋梁，人中君子的梦想。梦想将永远是我们创造精彩的强大动力！

创造新的精彩，我们需要拼博。有哲人说过，一打纲领也不如一步实际行动来得重要。二中发展到今天，已经取得了巨大的成绩，为国家、为社

会培养了大批有用人才，赢得了社会广泛赞誉，但与此同时，我们也知道二中依然面临激烈竞争，依然要面对许多困难，依然有许多不足，看不到这些，我们就会犯错误，就会在沾沾沾自喜中落后，只有靠坚实的奋斗，坚持不懈的努力，我们才能战胜各种困难，实于兴邦，空谈误国，同样地，拼博才能兴校，拼搏才有辉煌。特别希望教师们更加严于律已，为人师表，忠于事业，勤奋工作，要认真遵循规律，严格执行规范，抓实每个细节，用优异的工作业绩增添人生的色彩；希望全体同学遵章守纪，刻苦学习，不怕困难，勇于争先。要坚信一分耕耘一分收获的道理，用不断的进步来充实你们的人生。有这样一句谚语："要是牛陷在沟里，你非得挖它出来不可"，这就是说能救你自己，成就你自己的只有你的苦干决心和奋斗出头的决心。我相信拼搏是创造精彩的基石。

创造新的精彩，我们需要创新。我们从事的是培养人，塑造人，成就人的工作，每一个学生都有自己独特的个性。因此，做好这样的工作，绝对没有一个简便易行的万灵的方法，这需要每一位老师付出自己全部的智慧，需要我们不断地创造，这就意味要不断改变我们的教育方式，不能只是简单命令、批评、指责，不能只有题海战术，疲劳战术，而需要更加耐心细致，更加减负高效，更加符合学生实际。同样，同学们的学习也是极其艰苦的复杂劳动，不能只有墨守陈规，死做题目，耗损时间，而更加需要依靠良好的习惯，科学的分析，系统的建构，灵活的运用，也就是能举一反三，讲究方法，从而达到事半功倍的效果。所以，大家都要养成研究和分析、反思的习惯，这样，才能不断创造更好的方法，才能实现卓越和优秀。变革创新是我们不断创造精彩的关键。

创造新的精彩，我们需要合作。二中坚持以"文化立校，人文树人"为办学理念，努力建设人文二中，和谐二中，相互合作，相互支持，共同成长，共同发展，历来是二中的优良传统。一个人的智慧是有限的，团队的智慧则是无穷的。作为教师在教育教学中要始终和学生合作，做到师生相长，教学相长；与同伴合作，共同探索，共同提高。作为学生更要做到虚心向老师请教，力求学有所得，要向周围同学学习，取人之长，补已之短；作为学

校，要更加密切和家庭、家长联系，形成教育的合力，而不能各敲各的锣，各打各的鼓，始终站在为促进学生健康成长的角度，统一我们的思想和行为，为学生发展营造更好的环境。我认为真诚合作的前提是尊重，是平等，是信任，是善于发现。有这样一句话很有哲理：老是觉得别人不行(不是)，是自己的修养不够。用欣赏的眼光看待周围的人，用赞美和鼓励的语言对待周围的人，你一定会有更多意外的收获，善于合作是我们不断创造精彩的根本保证。

尊敬的家长们、老师们、同学们，让我们携起手来，共同努力，风雨同舟，一起为创造二中明天新的精彩作出新的贡献！

西安高新第二学校高杨杰校长：

守望一棵树的成长

高杨杰，1967年11月出生，山西岢岚人。中学语文高级教师，现任西安高新第二学校书记、校长，省市级优秀教学能手，中国教育学会教育管理分会第六届理事，《陕西教育》杂志常务理事，陕西省基础教育评价与考试研究委员会学科核心成员，陕西人民教育出版社图书选题评审专家。积极倡导和践行以“国学经典进校园”为特色的校园文化建设，开设“知行学堂”，通过多种形式，努力使素质教育生活化、实践化、行为化，使学生能快乐学习、健康成长、自信生活，成为综合素质高、具有国际视野的创新型人才。

尊敬的老师们,亲爱的同学们:

大家早上好!金风送爽,丹桂飘香。新的学年,孕育着新的憧憬和希望,我们满怀信心与斗志,站在了新学年的起跑线上。

我时常想:

好教育,如同守望一棵树的成长。成长的树,需要一片肥沃土壤。

国学经典正是中华民族几千年文化积淀下来的肥沃土壤。她蕴含着“仁、义、忠、孝、悌、礼、信”等中华传统文化的核心内容。大量诵读、品味国学经典作品,能拓展我们的视野,丰富我们的语言,积淀我们的文化,陶冶我们的情操,树立我们民族文化的主体意识……这不正是《国家中长期教育改革和发展规划纲要》为我们明确的教育新要求吗?我们应该继续让国学经典流动在教室中,飘荡在校园里,回响在脑海间,交汇在心灵上。扎根传统文化,汲取现代文明,让我们获得丰富的养料,健康成长。

好教育,如同守望一棵树的成长。成长的树,需要高远的方向。

新东方教育集团董事长俞敏洪曾经说,我们每一个人都应该像树一样成长。也许两年、三年你长不大,但是只要你努力把枝干伸向蓝天,八年、十年、二十年,你一定能长成参天大树。是的,每位同学都是一棵渴望

成长的树。成为明天的栋梁，是我们共同的理想。你们从小要有远大的理想、自信的品质、执着的精神，就像树一样，有阳光，有雨露，即便生长在坚硬的岩石上，也要把根深深扎进岩石的缝隙里，也要努力向上生长，任何时候不要放弃理想。我们要放远眼光，要把综合能力高，学习本领强，素质发展全，创新意识新，具有国际视野作为自己成长的方向。

好教育，如同守望一棵树的成长。成长的树，需要美丽的过程，而过程的美丽则需要长期养成的良好习惯。

桌椅整齐摆放、作业书写工整、板报美观大方、书法作品方正大气、行为举止端正有礼等等都是种种良好的习惯，我们还要继续践行“三育并举，全面育人”的办学思想：学会做人，从感恩开始；学会健体，从做操开始；学会劳动，从扫地开始；学会学习，从读书开始，知行合一，勇于实践。希望你们纯真的笑容里，流露着古典的清秀；在文雅的谈吐中，展示出思辨的睿智；在浓郁的书香中，浸润美好的心灵；在一个个“好习惯”中走向成熟，走向优秀。

过去的五年，是高新第二学校成长的五年，也是不平凡的五年：我们从零起步，走过了一段艰难坎坷、充满挑战又收获颇多的历程，把荒凉贫瘠的空地变成了书香浸润、翰墨飘香的校园；把空寂沉静的教室变成了知识饱满、思维灵动的课堂；把一个个懵懂的稚童，培养成了知书达理的翩翩少年。老师们见证着你们的快乐成长，孩子们、家长们见证着老师的无私奉献，社会见证着学校良性而富有内涵的发展。即将到来的五年，是学校走向成熟，发展壮大的五年。我们要强素质，抓质量，塑形象，积极寻找素质教育的新途径，切实落实《国家中长期教育改革和发展规划纲要》精神，把“办人民满意的教育”作为目标，巩固五年教育成果，创立我校办学特色，努力把我校打造成为省市乃至全国的素质教育名校而努力奋斗。

同学们，人生只有走出来的美丽，没有等出来的辉煌。如果你是一棵树，就请你坚持快乐学习、健康成长、自信生活，朝着自己的理想，不断追求，让自己成为勇于担当、善于开拓、综合竞争力强的参天大树。守望你们的成长，是我们投身教育的坚定信念，为了你们枝繁叶茂的明天，我们愿意用自己全部的爱和汗水去守望。

天津市河东区第二中心小学林洁副校长：

将五颜六色的梦想变成现实

林洁，中学高级教师。2008年调任河东区第二中心小学任德育副校长至今。参加了天津市第四届“双优课”评比取得三等奖；多节录像课在全国以及天津市赛课评比中获得一、二等奖的好成绩。被教育部聘为“农远教育工程”美术资源评审专家；积极承担和参与了教育部、中央电教馆等多项科研课题，多篇文章在各级刊物上发表。

亲爱的同学、尊敬的老师：

大家好！

踏着轻快的步伐，迎着灿烂的阳光，背着崭新的书包，我们又回到了美丽的校园，开始了新学期的学习与生活。

回首过去的一个学年，学校在上级主管部门的关心和支持下，全体师生同心协力，锐意进取不断进步，我们在校园建设、办学质量、办学特色等方面均有较大的进步，得到了社会与家长的好评，教育教学文艺体育等工作均取得了不俗的成绩，谱写了学校发展史上的新篇章。这是我们全体师生不懈努力的结果，更是对我们全体教师辛勤耕耘的褒奖。在此，我向大家表示衷心的感谢和最崇高的敬意！

新的学期已经开始，我们将面临新的机遇、新的挑战，这将是我们奋力前行的一年，将是我们站得更高、看得更远、做得更好的一年。我们要更加充分地利用好各种机遇，发扬求真务实的精神，增强发展意识，凝聚发展合力，朝着我们的奋斗目标继续大踏步前进。面对新学期，我们每个人在内心都会憧憬着各种各样的希望和梦想，但如何去实现这些美好的希望，将五颜六色的梦想变成现实，是摆在我们每位同学面前并且需要用时间和实际行动来回答的一个问题。

同学们，本学期作为新学年度的开端，只有用辛勤的劳动播下希望的种子，到时候才会有满意的收获。新的学期将开启新的希望，承载新的梦想。为了让我们的梦想能成为现实，在这里，我代表学校给同学们提几点希望和要求：

一、做好调整，进入角色，把精力集中到学习上来。新学期的开始，意味着紧张的学习生活已经来临，各位同学要进行自我调整，并把以休息为主的假期生活，调整到以学习为主的校园生活中来，要把全部精力投入到学习上；要调整作息时间，晚上要按时睡觉，保证第二天有充沛精力投入学习。做到按时到校，服从学校以及老师的安排，及早进入学生的角色。

二、在行为礼仪方面，要严格按照《小学生守则》、《学生行为规范》的要求去做，继续积极诵读《弟子规》，认真学习同学们自己创作的《二中心小学行为规范三字歌》，将其中的精神内涵用于践行，做举止文明、谈吐文雅、勤学守纪的合格学生。

三、在安全与纪律方面，一定要按学校的要求去做，认真听从并执行老师的教导，上楼下楼、出操、课间活动，放学路队等都要把安全放在第一位，绝不开展危险性游戏以及活动，发现问题及时把情况告知学校或班主任。

四、在学习方面，人人都要弄清一个学生的主要任务是什么，认真改掉学习中的一些不良习惯，不浪费课堂上的一分一秒，发扬刻苦钻研精神，在同学中开展比学赶帮活动，人人制订出学习目标并向自己理想的目标奋斗。在这里要特别提醒我们那些在学习中有一定困难，在以前的考试以及竞赛中留下了遗憾的同学们，更要汲取教训，加倍努力，力争缩小与其他同学在学习上的差距。

五、六年级的同学要高度注意，这学年是你们小学阶段的最后一个学年，在各个方面都要为其他年级的同学们做出表率。你们本学年的任务还是比较重的，不仅要抓紧时间刻苦学习，还要参加学校的各项活动。因此，你们更要珍惜一分一秒的时间，把更多的精力投入到学习之中。我也相信，大家一定能取得进步，实现自已的理想！

同学们，我们的学校是一个大家庭，里面的每个兄弟姐妹都要真心诚意地为这个大家庭做出贡献，学校的一草一木都是我们大家共同的财富。希望你们从今天开始从身边的小事做起，当好学校的小主人，做好个人的清洁，勤洗澡，勤换衣，衣着整洁；爱护校园环境卫生，不乱扔，不乱画；节约一滴水，一度电，做个合格的环保小卫士。大家要遵守校规校纪，争做文明学生。

同学们，让我们在新的学期里发扬互帮互助、积极主动、探索创新的精神，取得各自满意的成绩。共同畅想我们美好的明天！

最后，祝老师们在新的一年里身体健康、工作愉快、家庭幸福！祝同学们快乐成长，学习进步！谢谢大家！

天津市河北区大江路小学刘伟校长：

做最好的自己

刘伟，小学高级教师。现为天津市德育学术委员会委员，天津市小学德育名师，河北区名师。先后三次荣获天津市优秀德育教师，天津市优秀政治教师的称号，并多次被评为全国楹联教育先进个人，全国双有先进个人，天津市优秀辅导员，天津市新长征突击手，天津市星星火炬奖章，天津市基础教育突出贡献者。

尊敬的老师、亲爱的同学们:

大家早上好!

金色的九月,阳光明媚,秋风送爽,这是一个盛载收获的季节,也是一个充满希望的季节。在这个收获的季节里,我们又迎来了一个新学年的开学典礼,首先,我代表学校对新调入的教师和刚进学校的一年级小朋友、新转入的同学表示热烈的欢迎。对参加我们大会的教育局领导和中国教育电视台的记者表示衷心的感谢。同时,也向全体师生送上我最美好的祝愿:祝愿大家新学年工作顺利、学业有成、快乐幸福!

回首 2011 年,我校的多项工作都取得了佳绩。百人合唱团代表河北区参加了天津市庆“六一”大会的汇报演出,受到市领导的好评;多名长跑运动员在天津市长跑比赛中为河北区增光添彩;现代化学校的二次复查高质量通过,再次得到专家组的好评。我校的办学特色和学校文化建设的经验介绍分别在全国优秀校长研修班和河北区暑期教育工作会议上做了典型经验介绍,我们的多项活动被中国教育电视台、天津电视台和区有线电视台等新闻媒体报道。这些成绩的取得是我们全校师生的共同拼搏奋斗的结晶,我们一定要珍惜。

展望 2012 年,我们要努力实现新的飞跃。新学期中我们将以“自主教育让我们的校园生活更幸福”为主线开展各项工作。让每一位同学都拥有快乐,学会做人,感受成长的幸福;让每一位教师都爱岗敬业、爱校如家,感受职业的幸福;让学校与社区更加和谐团结,共同发展,感受学校飞跃发展的幸福。为此,向全校师生提出几点建议:

第一,每位教师努力争当“三型”教师,感受教师职业的幸福。

新学期中,全体教师要主动提升自己的专业水平,本着“对学生负责”的宗旨,以敬业务实的工作精神开拓进取;要一如既往,埋头苦干,积极投身到新课程改革中,向课堂教学要质量,做一名“责任型”教师。作为一名教师,爱是教师的天职,我们要关心爱护每一个学生,积极与学生进行情感交流,以严导其行,以爱暖其心,为人师表,做一名“智慧型”教师。我们每位教师还要用自己高尚的情操,儒雅的行为,丰富的知识和独具风格的人

格魅力为每一个学生的发展和终身幸福搭建平台，做一名“优雅型”教师。用我们的专业为每一个学生的腾飞插上翅膀，在他们的成功中感受教师职业的幸福。

第二，每位学生努力争当“八自”少年，感受自主成长的幸福。

上学期我们在行为规范自我约束方面取得了很大的成果，新学期中还要继续坚持，同时还要将这种“自我管理，自我教育，自我发展”的自主精神渗透到自己成长的方方面面。努力争当一名“生活能自理、学习当自强、管理要自主、做事要自律、做人应自信、安全要自护、健体要自觉、兴趣要广泛”的自主少年。特别是在自主学习上，坚信自己学会求知我能行。打开书本，漫步在知识的海洋，你们就是学习的主人。学习的快乐与幸福就在于你苦思冥想之后豁然开朗，柳暗花明。不要过于依赖教师。教师只是一个教练，一个组织者，他们的职责在于指导、引导、辅导，教师的点拨、启发以后，剩下的全靠你们自己。课堂上你们要主动思考，敢于质疑，要尝试错误，勇于争辩，而害羞、胆怯、不动脑筋则是成功的大敌。而自主学习的成功将会更好地促进你其他方面的自主成长，全面发展，让你体会自主自信的快乐与幸福。

第三，让学校努力成为和谐自主的成长乐园，感受发展的幸福。

“做最好的自己”是我校的办学理念,更是师生自觉主动发展的动力所在。所以,我们新学期中,学校要努力营造一种底蕴深厚、特色鲜明的文化氛围,要努力创设一种平等和谐、快乐幸福的工作环境;要努力将学校打造成为一所师生主动发展、共同成长的幸福乐园。

老师们,同学们,新学期,新起点,新的挑战与飞跃在等着我们全体师生的努力拼搏,愿我们共同努力,共同进步,体会自主成长的快乐与幸福。最后,送大家一句话,我们一起共勉:“相信自己,我能成功!鼓励自己,天天成功!超越自己,一定成功!教师、学生都成功,才是学校最大的成功!”我坚信,相信自己,主动发展的自主教育一定会让我们的校园生活更幸福,让我们的学校发展得更迅猛!

最后,祝我们的全体老师在新的学年中身体健康、工作愉快、家庭幸福!祝同学们快乐成长,学习进步!谢谢大家。

江苏省常州市局前街小学教育集团李伟平校长：

感谢有你

李伟平，1966年9月出生，1987年8月参加工作，中学语文高级教师。2003年8月起任常州市局前街小学校长。教天地人事，育生命自觉。在学校新一轮的发展中，秉持“生命关怀”的教育理念，确立学校工作的教师立场和儿童立场，让教师真切地享受教师职业内在的尊严与幸福，让学生充分享受童年的天真与快乐。主持江苏省省级立项课题《让学生充分享受愉快的童年生活》、《让学生和教师有足够的时空去选择和创新》、《对小学生实施感激教育的研究》，研究成果均获得市一等奖。有100多篇教育教学论文发表或获奖，并先后主编了《“生命关怀”教育理念下学校教育的探索》等8本专著。

亲爱的龙娃们：

早上好！

今天，我见到了你们，很是高兴。说实话，暑假里，当我走在安静的走廊里时，会很自然地想起某个淘气的男孩子匆忙跑过，冷不丁撞我一下，又继续往前跑，边跑边喊："对不起啦，李校长！"当我站在安静的小池塘边时，会很自然地想起一群低年级的小朋友围着小池塘唧唧喳喳，真分不清是他们赏鱼还是鱼笑他们啊！总之，校园里每一处都仿佛有你们的影子，空气中每一寸都仿佛有你们的呼吸。所以，我要说："孩子们，欢迎你们回来。因为你们，让我们的校园又热闹起来了。"

新学期的第一天，我想和你们说说"感谢"这两个字。有人说："感谢是天底下最美丽的语言。"有人说："感谢是两个人之间最短的距离。""感谢"究竟有什么魅力？我不想把答案直接给你们，想给你们讲两个故事，你们自己去体会。

一个五岁的美国小女孩患了脑瘤，将不久于人世。医生说："她还有135天的生命。"爸爸、妈妈不忍心把这个不幸的消息告诉她，于是把她从医

院带回家，做她喜欢做的事情。这个女孩恳请爸爸、妈妈每天给她留半小时的自由时间，让她一个人待在家里。谁也不知道她在家里做什么。小女孩最终没有活到六岁，就永远地离开了人世。当她的父母回家整理东西时，发现在书本与书本的中间，在梳妆台的抽屉角落里，在盘子中间的夹缝里，到处都是小女孩留下的字条："感谢爸爸、妈妈，我爱你们！"小小的字条表明虽然谁也没说，但小女孩分明已经知道自己的命运。小小的"感谢"虽然不华丽，但是写满了这个女孩留给父母的无尽的爱，对父母深深的感恩之心。

接下来，我再讲一个中国的十岁男孩的故事。男孩在家里最反感奶奶的唠叨。天气一凉，两人又为了增减衣服的事情争论起来。男孩不愿意多穿衣服，就朝奶奶嚷起来："我一点也不冷，不然你自己到外面去吹吹风，看看到底冷不冷？"70多岁的奶奶就这样被烦躁的孙子推出了门。男孩在家听着音乐，感觉自在多了。然而，下午传来的消息是奶奶在路上被车撞了，住进了医院。男孩的心一下子揪紧了。当他匆忙赶到医院，奶奶见到他的第一句话居然是："谢谢你不生我唠叨的气，我就是怕你着凉生病啊！"小男孩一下子噎住了，他哽咽着说："不，奶奶。应该是我说感谢才对，谢谢你那么关心我！我长大了，以后会根据天气增减衣服的。现在该是我们照顾你了。”奶奶听了，流着眼泪说：“这样就好，这样就好。”

好了，说了一个女孩、一个男孩的故事，一个美国、一个中国的故事，我们可能都发现了“感谢”真的像一颗神奇的种子，在不经意间落入人的心里，萌发成长，他的出现能化解矛盾，他的出现能给人无限的温暖。

这就是新学期里我要送给你们最重要的五个“感谢”。第一，感谢你的父母，是他们引导你一路向前；第二，感谢你身边的老人，是他们无怨无悔地在为你们付出；第三，感谢你的老师，是他们让你们获得知识的营养；第四，感谢你的伙伴，是他们陪你欢喜陪你忧；第五，感谢生活赋予你的一切体验，成功也好，挫折也罢，是他们让你学会在反思中成长。

孩子们，感谢是内心的触动，是沟通心灵的桥梁，是承载希望的风帆，是倾注关爱的摇篮，是实现理想的翅膀。让我们在新学期每一天里都用最美丽的语言“感谢”来缩短与他人的距离。

最后，我只想说一句：“孩子们，感谢你们！看到你们，我就看到了新学期的新希望！”

海南省琼海市中原镇中心学校王林校长：

打造农村优质样板校

王林，2007年，任中原镇中心学校校长，负责管辖琼海市中原镇基础教育。2008年，实践校区教育信息化，带头创建网络教研新模式，被评为琼海市“十佳校长”。2009年，多方努力争取海南省教育扶贫移民工程落户学校，带领全校一百五十来名教师实施教育资源整合改革，调整教育布局，规模办学，让农村孩子在自家门口也能够同享城市孩子一样的优质教育资源。2010年，被评为海南省“十佳师德标兵”，全国“优秀教育工作者”。

尊敬的老师们，亲爱的同学们：

大家上午好！

刚刚度过了一个安全、充实愉快而有意义的暑假，我们又回到了美丽的校园。伴着秋的气息，我们迎来了新的学期，将开始紧张而又快乐的校园生活。首先，请允许我代表学校领导，向新入我校的一年级学生和新到我校的老师们表示热烈的欢迎！向辛勤工作的全体教师致以诚挚的问候和崇高的敬意！

刚刚过去的一个学年，学校各项工作取得了长足的进步：全省农村义务教育课程改革暨样板校建设工作现场会在我校举行，学校被评为全省文明礼仪教育示范校；校中心幼儿园通过省“一级幼儿园”的评估，舞蹈《星星在闪烁》获得全国第三届中小学生艺术展演活动艺术表演类小学二等奖等等，特别是今年5月30日，我校举办了一场高规格的“一路走来，感谢有你”的庆“六一”大型晚会，不但表彰了一批优秀的教职员工和学生，还展示了我校全面推行素质教育的办学效果及高水平高起点的办学能力、办学新风采，更与兄弟学校师生欢聚一堂，增强学校办学社会人气，很好地发挥了农村基础教育“样板校”的作用。市教育局局长刘晓朝在接受《南国都市报》

记者采访时如是说,“我们将以中原镇中心学校等为样板,把布局调整与创建优质学校相结合。力争通过三年时间在每个乡镇办好一所优质小学和优质初中,打破城乡壁垒,使城乡优质教育资源覆盖率达到 90%以上。”给予我们这样的定位和评价是我们的荣幸,更是我们的压力。

亲爱的同学们,特别是新入校的一年级新生,你们走进中原,就要立大志,树雄心,尽快适应学校学习与生活的环境,把学校的利益与你们个人的发展结合起来,塑造自己文明的言行举止。我们将共同打造一个适合于老师成功、学生成才的良好教学环境,让每一个人在这和谐美好的校园里度过自己的美好时光。让你们终生都要打上中原学生这个光荣的印记,让明天的中原因为你们而骄傲!

尊敬的老师们,我们肩上的责任关系着学生、家庭和社会的未来,只有以充满着无私和宽容的爱心投入工作,才能无愧于我们光荣的职业。我们应以高尚的人格感染学生,以文明的仪表影响学生,以广博的知识引导学生,以博大的胸怀爱护学生,我希望我们每位教师争做学生欢迎、家长满意、同行敬佩的优秀教师。

新的一年开启新的希望,新的空白承载新的梦想。让我们把开学典礼,当作向理想进军的号角吧!在这里,我们将以“规范化创建、特色发展、外塑形象、内强素质”为办学理念,打造农村优质的“样板校”,放飞梦想,迎接新的挑战,寻求新的发展,创建我们共同的家园。谢谢大家!

武汉武昌水果湖第二小学罗汉萍校长：

天才和一只睡懒觉的猫

罗汉萍，1962年9月9日出生，中学高级教师。1997年7月以来担任水果湖二小校长兼党支部书记。两次被省教育厅、团省委评为重视支持少先队工作“先进个人”，被评为武汉市教育科研先进个人，中国教育学会小学语文教学研究会评为学会“先进工作者”等。

尊敬的老师们、亲爱的同学们：

大家早上好！

新学期开始了，我们迎来了270余名水果湖二小新的小主人。希望你们，在水果湖二小这所名校的沃土里健康愉快地成长！

今天给大家讲一个《天才和一只睡懒觉的猫》的故事。

一天，斐塞司博士悠闲地站在窗前。外面阳光明媚，正适合散步。然而博士并没有出去的意思。他似乎在凝望着什么，思考着什么。但是从神态上看，又好像什么也没有思考，就是在工作之后漫无目的地遐想，即所谓的神游。

四周静静的，阳光从天空直射下来，照射在窗前的空地上。

一只母猫躺在阳光下。它懒懒的，很舒适的样子。母猫安详地打着盹，那种舒展的姿态与四周的宁静是那样吻合。

树影开始移动，猫身上的阳光失去了。这只猫站起来，重新走到阳光下。这一切，是那么自然而然，仿佛一切都事先安排好了，又好像母猫接到阳光的通知似的。

这一景象唤起了斐塞司博士的好奇。究竟是什么使得这只猫想要待在阳光下？

是光与热？对，是光与热。经过思考，斐塞司博士证实了这个想法。

那么，如果光与热对猫有益，那对人呢？为什么不会对人有益？

这个思想在脑子里一闪。这个无意的观察和这个一闪的思想，便是闻名世界的日光治疗法的引发点。之后不久，日光治疗法在世界诞生了。

这个故事告诉我们：生活中处处有学问，只要用心观察，知识就在身边！

我希望大家都能做到：

懂礼仪，对人有礼貌，主动问好！

会走路，行走靠右行，互相谦让，杜绝碰撞。

爱劳动，讲卫生，不乱扔废弃物，将垃圾归类丢放。

爱学习，爱读书，提前整理学具，上课认真听讲，勤思考、勤发言，按时完成当天作业。

河南省鹤壁市淇滨区福源小学刘振威校长：

用认真作桨 以坚持为帆 起航

刘振威，小学语文高级教师，省级小学语文骨干教师，省级小学语文学术技术带头人，先后开发了成套的校本课程《淇水汤汤》、《好习惯 早养成》，得到了社会和家长的一致好评。多次到区、市做示范观摩课和优质课，制作的课件分获省级二等奖和一等奖；2008年撰写的论文《充分利用远程教育设备，服务农村教学改革》荣获全国一等奖并做大会发言；主持的省级教研课题《小学口语教学的研究》获得教学成果二等奖。

尊敬的各位老师、亲爱的同学们：

大家好！

当盛夏的躁热渐渐褪去，当金桂的馨香飘逸悠远，我们鹤壁市淇滨区福源小学全体师生，经过一个假期的休整，又相聚在这个美丽的校园，迎来了一个新的学年，开始了新的学习生活。今天我们隆重集会，举行新学期开学典礼，这是一次迎新会，又是一次加油会、动员会！

秋天从来都属于辛勤耕耘的人们。在刚刚过去的学年里，全校师生齐心协力、辛勤工作、努力拼搏，在教育教学质量和师生队伍建设方面都取得了可喜的成绩！

成绩已经停留于过去，新的学期，新的开始，给我们带来了新的挑战，也孕育着新的希望与憧憬。我们学校确立了以创办幸福校园为中心的工作重点，以数字校园、文化校园、生命课堂、习惯养成、心理健康为五个抓手，强力实施名校创建工程。面对这更为紧张和富有挑战性的学习与工作，我们每一位教师、每一名学生都应站在新的起跑线上认真审视自己，以满腔的热情投入到新学期的工作与学习中去，为实现自身的目标而奋斗、拼搏！

小学是人生的黄金时期，良好的开端是成功的一半。只有从小努力，好好学习，养成良好的学习生活习惯，才能为将来的成功奠定坚实的基础。希望你们用认真作桨，以坚持为帆，驾驶着知识的小舟在老师的引导下到达成功的彼岸！

同学们，老师们，宝剑锋从磨砺出，梅花香自苦寒来。让我们从现在做起，从身边的小事做起，按照既定目标，坚持不懈地付出自己的艰辛与汗水，就一定能谱写自己的幸福人生，也一定会谱写出福源小学新的篇章！

最后，祝老师们工作愉快，身心康健！祝同学们学习进步，天天快乐！谢谢大家！

附　录

开学第一讲：校长讲什么？

《光明日报》(2011年09月01日01版)

"甜蜜的沉思，

快乐和真理静静地满溢。

我有一千个希望，

一千个温柔的梦想……"

鲜亮的。亢奋的。期待的。梦一般踏进大学校园。

"你们就是大学！这句话，我与我的前任用不同的方式对新生已说了将近三百年了。"美国耶鲁大学前校长小贝诺·C·施密德特在1987年曾这样开始自己的迎新致辞。

对大多数人而言，校长迎新致辞大抵可以看作新生入校后正式的第一课。有的话，可能重复无数却从不被人记起。有的话，可能说上一句就再也无法忘记。

总有一些声音不会随风而逝，它融进学校文化的骨子里，成为解读大学的注脚，成为校长故事的演绎。

新潮：从一种套话走向了另一种套话？

2010年，"根叔"火了。

继《记忆》之后，李培根再次以《质疑》掀起高潮，16分钟的演讲中先后出现82次"质疑"，8,000名新生欢呼鼓掌，巴掌拍红了、嗓子喊哑了，却丝毫不见激情减退。

紧随其后,“根叔式”的演讲致辞在当年9月的开学典礼中层出不穷。

四川大学校长谢和平与新生们聊梦想,发表最励志演讲“人与人之间最小的差距是智商,最大的差距是坚持。作为新一代川大人,既要善于仰望星空,充分发挥创造潜力,又要坚持脚踏实地,努力积累广博知识,不抛弃、不放弃,将奋斗进行到底”;电子科技大学校长汪劲松从生活着手,讲道“如果在月初你‘挥霍无度’,月末你不得不节衣缩食”;成都理工大学文法学院院长陈俊明颇有“麻辣”风格,寄语学生“要努力把‘成都理工’读成‘麻省理工’;要努力把男生读成文质彬彬,女生读成知性端庄;要努力把自己读成无论张口还是抬手,都让人看出你分明读过大学”;四川师范大学校长周介铭引经据典,短短一篇“只有积跬步,才能至千里”的演讲辞所引名言遍及古今中外,被誉为“最引经据典的演讲”。

从“最务实”的毕业出路到“生活化”的大学历程,从“最励志”的求学鼓励到“文采斐然”的希冀寄语,校长们纷纷出奇招,摆脱官腔套话,以各种方式让学生乐意聆听。

或许,这就是莘莘学子所希望看到的校长开学致辞:亲切,真实,平等;离学生生活近一点,离官场套话远一点;活泼多一点,大话空话少一点。

但除却亲切与欢笑,似乎还缺少点什么?

“这仅仅是在演讲的形式方面有所突破,在思想内容上还很不够。”著有《八位大学校长》一书的学者智效民坦言,一个大学校长,能用生动活泼、风趣幽默的方式与学生交流,是对多年来官话、大话、套话、假话的一种挑战,值得肯定。但他们并没有给学生做人方面的指导和思想层面的交流,缺少点独立的思想,缺乏点真正的智慧。从这个意义上看,现在的校长讲话则有华而不实、甚至哗众取宠之嫌。

更有人直陈:这是从一种套话走向了另一种套话,原来那套八股生硬,官腔十足;现在这套滥发情感,浮夸轻佻。

“校长开学演讲方式与内容的变化,可以算是大学校长职业精神的觉醒,也可以说是校长对大学精神的觉醒。”湖南师范大学教授刘铁芳表示,这意味着大学校长必须扩展自己的文化视野和大学气质,努力使自己融入到大学现场之中来,而不是作为一个官员凌驾于大学生活之上。这样,大学校长必须时时,而且充分地保持对大学精神以及大学现场的敏感性和觉悟,也就是让自己始终融汇在大学有机体之中。这样,当大学校长站在大学生面前演讲时,他就是大学。

经典:融入个性、人格、学识

龚克,南开大学校长。

2006 年 9 月,他第一次以天津大学校长的身份作开学致辞,之后的每个新学年都要讲一次。“我觉得这是校长——作为特殊的老师——为新生开的特殊课程,是必须讲而且必须讲好的一课。”

今年,将是他第一次以南开大学校长的身份作开学致辞。怎么面对文理学生讲话,这对于工科出身的他来说,是个很大的挑战。“我当然要看看以前校长的讲话,多多和同学们交流。”

在学生们的回忆中,南开大学的创办者张伯苓是喜欢且擅长演说的校长。“他是很自然地‘训话’,题材顺口出来,庄中有谐,从来不讲空洞大话。”

“隔着数十年的光阴,重温蔡元培、梅贻琦、胡适、竺可桢等当年的大学讲演,可以说是余音缭绕,余香满口。他们不仅仅开启了青年学子的大学想象,同时也开启了一个民族的大学气象。”刘铁芳告诉记者,大学校长的演讲其实就是在给新进门的大学生安置精神之家,也是在给整个大学编织一个大学梦想的家。

回味上个世纪开学典礼中被铭记的隽永言论,其所构筑的精神塔楼,在日新月异、过往匆匆的变迁中历久弥新。

北京大学校长蔡元培在开学致辞中多次强调“为学问而求学问”之宗旨,也曾指出:“大学为纯粹研究学问之机关,不可视为养成资格之所,亦不可视为贩卖知识之所。学者当有研究学问之兴趣,尤当养成学问家之人格。”

清华大学校长梅贻琦个性沉静,话不多,时人称之为“寡言君子”。上世纪 30 年代，这位“身教重于言教”的清华老校长曾屡屡提及“何谓大学”，并一再提及“凡一校精神所在，不仅仅在建筑设备方面之增加，而实在教授之得人……吾认为教授责任不尽在指导学生如何读书，如何研究学问。凡能领学生做学问的教授，必能指导学生如何做人，因为求学与做人是两相关联的。凡能真诚努力做学问的，他吾做人亦必不取巧，不偷懒，不作伪，故其学问事业终有成就。”

大抵那时的清华学子还会不时想起梅先生曾经的故事。梅先生之前，清华有一阵驱赶校长的风潮，有人问他为什么偏偏他就能够在清华稳坐下来。梅先生慢悠悠地说：“大家倒这个，倒那个，就没有人愿意倒梅(霉)。”

交通大学校长叶恭绰则在开学演讲中开宗明义：尝以为诸君修学当以三事为准衡：第一，研究学术，当以学术本身为前提，不受外力支配以达于学术独立境界。第二，人类生存世界贵有贡献，必能尽力致用方不负一生岁月。第三，学术独立斯不难应用，学术愈精，应用愈广。

阐释大学理念，明晰大学宗旨，引导求学方法，言语所及皆为中肯之辞，畅达己意俱切中为学之根本。只言片语中，我们窥析到一代人的治学精神。

从校长的演讲中，年轻的学子依稀看到未来的大学生活是何种模样。在他们心中，大学校园里，值得永远追忆的，不只是抽象的精神，更是一个个有血有肉的人物以及校长开学致辞中独有的话语。那是大学发展史上的辉煌岁月，也是校长演讲的经典呈现。

一个时代有一个时代的特点。刘铁芳对两个不同时代的校长演讲作了区别：以前的校长讲演，由于现场演讲居多，往往是直接从当下遭遇的问题着手，一点点扩展开来，引导到对大学理念的阐发，显现出开阔的精神气象；而今日大学校长的演讲更多的是团队制作，往往是面面俱到，从时代特征、国际视野到学校问题，一一道来，架子很大，而针对性往往不强。以前的校长讲演，大都有着不同寻常的文化气质，也就是校长个人的魅力，特别是现场即兴演讲，往往是校长学识、人格、演讲综合魅力的直接体现，现在大学校长的演讲文稿由于多是团队产物，往往很难见出校长个人魅力来。

“校长的讲演本身就应该是其大学教学思想的体现,传达出来的都是自己对大学诸种事物的真实关切,乃是校长自己沉思、积淀、自由表达的结果,是自己心中的大学理想,而非一时的应急之作,最重要的是大学校长的个性、人格、学识都融入了大学之中。只有当大学校长沉浸大学校长的事务之中,不用过多分心,他们才可能真正有属于自己的大学演讲,否则那种流水线制作出来的大学演讲,尽管挂了校长之名,但并不是真正的校长演讲。”刘铁芳表示。

追寻:回归大学精神

如今,当试图回忆起当年校长所作的开学致辞时,相当一部分在校学生或是已毕业十几年的人都是模糊一片,在记忆中几乎不曾留有校长开学致辞的痕迹。

模糊的印象或许是官话十足的模板演讲稿,主席台上不苟言笑、端坐的校领导,或许还有寥寥几句隐隐约约的话语,听人提及会蓦然想起——“秋风送爽,丹桂飘香”、“今天你以母校为荣,明天母校以你为荣”。

“一旦大学校长的讲演,充斥其中的都是官话、套话,这实际上一开始就弱化了青年学子对大学的想象,让他们感觉大学校长讲话都不过如此,大学也好不到哪里去。”刘铁芳坦言,校长开学演讲并不是说应该有一个确定的内容,或者说非讲不可的主题,因为真正的大学精神是无形的,是渗透的。最重要的是,校长们能够见微知著,从其对当下青年学子所遭遇的各种问题或期待之中找到合适的主题,阐幽发微,由表及里,言近旨远。换言之,大学校长的演讲应该建立在对青年学子思想动态、心灵轨迹的真切了解,从而使演讲有切实的针对性,同时又能站在校长的立场上引领大学生,扩展他们文化与思想的境界,提升他们精神的期盼和心灵的高度。校长的讲演不仅需要生活的广度、生命的温度,更需要精神的高度。惟其如此,校长站在台上演讲,才足以成为大学的象征。

这个时代,人们开始关注校长的开学演讲致辞,不过是对大学能更多地回归大学本真的期盼。

在人们心中,大学校长不再是一个单纯上级任命的官员,而是切实地作为这所大学有机体的带头人，生活在这所大学之中，而不是之上。他的喜怒哀乐都深深地系于大学，他的思想浸润在大学之中，他的表达真实地依托于大学，传达大学的内在理想，引领大学的精神气象。而大学校长的本色回归，其实也就是大学的本色回归。大学以大学问为根底，以育人为使命。个性化的大学校长开学演讲的不断出现，也就是大学向着大学精神回归的表征。（《光明日报》通讯员 钟林 记者 靳晓燕）